捧读

触及身心的阅读

金乌

日中三足乌见者，大旱赤地。

——《黄帝占书》

盘古

天地混沌如鸡子，盘古生其中。
万八千岁，天地开辟，阳清为天，阴浊为地。
盘古在其中，一日九变，神于天，圣于地。
天日高一丈，地日厚一丈，盘古日长一丈。
如此万八千岁，天数极高，地数极深，盘古极长。

《三五历纪》

女娲

往古之时，四极废，九州裂，天不兼覆，地不周载，火爁炎而不灭，水浩洋而不息，猛兽食颛民，鸷鸟攫老弱。于是女娲炼五色石以补苍天，斩鳌足以立四极，杀黑龙以济冀州，积芦灰以止淫水。苍天补，四极正，淫水涸，冀州平，狡虫死，颛民生。

《淮南子·览冥篇》

青龙

天神之贵者，莫贵于青龙，或曰天一，或曰太阴。
太阴所居，不可背而可乡。
北斗所击，不可与敌。

《淮南子·天文训》

哪吒

那吒（哪吒）本是玉皇驾下大罗仙，身长六丈，首带金轮，三头九眼八臂，口吐青云，足踏盘石，手持法律，大喊一声，云降雨从，乾坤烁动。

《三教源流搜神大全·那吒太子》

麻姑

三月三日西王母寿辰，
麻姑于绛珠河边以灵芝酿酒祝寿。

《麻姑献寿》

精卫填海

又北二百里，曰发鸠之山，其上多柘木，有鸟焉，
其状如乌，文首，白喙，赤足，名曰精卫，其鸣自詨。
是炎帝之少女，名曰女娃。
女娃游于东海，溺而不返，故为精卫，
常衔西山之木石，以堙于东海。
漳水出焉，东流注于河。

《山海经·北次三经》

鲤鱼跳龙门

龙门之下，每岁季春，有黄鲤鱼自海及诸川争来赴之。一岁中，登龙门者不过七十二，初登龙门，即云雨随之，天火自后烧其尾，乃化为龙矣。

《三秦记》

中国神话真好看

So Fascinating Chinese Myths

梁兴扬 著

天津出版传媒集团
百花文艺出版社

图书在版编目（CIP）数据

中国神话真好看 / 梁兴扬著. -- 天津 : 百花文艺出版社, 2020.11
ISBN 978-7-5306-7912-8

Ⅰ. ①中… Ⅱ. ①梁… Ⅲ. ①神话－研究－中国－古代 Ⅳ. ①B932.2

中国版本图书馆CIP数据核字(2020)第126099号

中国神话真好看

ZHONGGUO SHENHUA ZHEN HAOKAN

梁兴扬 著

出 版 人：薛印胜
选题策划：唐冠群 胡晓童 **责任编辑：**胡晓童
封面设计：陈旭麟@AllenChan_cxl
出版发行：百花文艺出版社
地址：天津市和平区西康路35号 **邮编：**300051
电话传真：+86-22-23332651（发行部）
+86-22-23332656（总编室）
+86-22-23332478（邮购部）
网址： http://www.baihuawenyi.com
印刷：天津创先河普业印刷有限公司
开本：880×1230毫米 1/32
字数：266千字
印张：8.5
版次：2020年11月第1版
印次：2020年11月第1次印刷
定价：68.00元

如有印装质量问题，请与天津创先河普业印刷有限公司 联系调换
地址：天津宝坻经济开发区宝中道北侧5号5号厂房
电话：（022）22458683 邮编：301800

目 录

contents

序言

很小的时候，我常常仰望星空。浩瀚的夜空里似乎藏着很多无法破解的秘密。

再大一点儿，听族里的老人讲一些神仙志怪的故事，有时候吓得连家也不敢回，总觉得回家的那条巷子深处危机四伏……

上小学的时候，我从课本里零星读到一些神话和寓言，盘古开天、女娲造人、大禹治水……但怎么都不能把它们拼成一串完整的故事。

初高中似乎一直在忙于考试、考试和考试，不多的时间也似乎都留给了武侠、武侠和武侠。

大学开始细分专业，为了生计，我们似乎都应该有一门谋生的专业。随着时代的变迁、人心的浮躁，小时候的梦也越来越淡。

一次很偶然的机遇，我与道结缘。虽然还是免不了世俗的羁绊，却有时间想一些事，审视一下自己，理一理小时候的神话梦。

大概每一个人来到这个世界之后，随着知识的增长和思想的成熟，都会有终极三问：我是谁？我从哪里来？我要到哪里去？

大道至简，一生二、二生三、三生万物。我们都是从三而来，但三又是什么，那是不是我们来路的历史？我们都不想成为来路不明的人，带着这个问题，我又重新想到小时候举头仰望的那片璀璨星空。

星空无语，却默默记录着一切过往。

从盘古开天到女娲造人，从三皇五帝到大禹治水，从大羿射日到太公封神，从大闹天宫到月下老人，从八仙过海到玉帝王母，从街头酒肆到九霄天庭……

其实在这些耳熟能详的故事之外，有许多我们忽略的故事。小时候，很多人在听到神话时，往往会有一些疑问，比如为什么盘古是男的？盘古开天的斧子是哪里来的？为什么是八仙不是九仙？为什么孙悟空能够召唤土地神出来帮忙传信？玉皇大帝和王母娘娘是不是一对儿？二郎神的狗是什么品种？诸葛亮拜斗延寿究竟是怎么回事？

由于这些都是比较生僻的冷知识，大人面对孩子的“为什么”时，便会搪塞而过，孩子过段时间也许就忘了，这一忘也许就是一辈子。

知其然，更要知其所以然。正是这样一种想法，最终促成了这本书。

以己度人，我小时候也曾经这样问过，大部分没有得到过答案。幸运的是我没有丧失自己的好奇心，又因为个人信仰的原因，接触到较多的中华文化典籍，慢慢从中发现自己当初疑问的答案，于是便有了将这些冷知识编辑整理出来，让更多人能够了解神话背后的知识，弥补神话中所缺失的那些遗憾。

当然，许多故事的蓝本也是从书中搜集而来的。所谓尽信书不如无书，我们试图做的不是大包大揽的权威读本，而是希望这本书能为你打开一扇解读神话的小窗户，虽然最后这一点点希望也可能变成失望和奢望。

一点儿小感慨，不足为序。

梁兴扬

二〇一九年于终南山

第 1 弹

盘古是男人夺权造出来的神？

世界从哪里来？人从哪里来？这是个永恒的命题。

文明初期，人类对于世界的本源都会有自己的思考。关于创世神话，每个民族都有不同的解释，于是产生了形形色色的创世神话。创世神话在本质上体现了不同民族的文化认同根源。

犹太人认为，是上帝耶和华用七天时间创造了世界。可波斯人却说，世界是由至高之神阿胡拉创造的。印度人坚持世界是梵天创造的。希腊人尊重女性，让女神欧律诺墨承担了创造世界的职责。而在埃及神话里，一个叫阿蒙的神创造了万物，阿蒙的原意是“无形之物”，所以埃及人的世界可以说是无中生有。

不管叫什么名，对于泛西方文明来说，世界是由一个无所不能的造物主所创的。而在中华文明里，并没有造物主这个角色，而是用盘古开天辟地诠释了世界的诞生。

对于盘古的故事，每个中国人都耳熟能详。大致讲的是，在混沌未分之时，世界像一个鸡蛋。蛋中孕育出一个生命，就是盘古。他在蛋中沉睡了一万八千年，当他睁开眼睛，发现世界混沌一片后，使命感油然而生，他觉得自己应该做点儿什么。

盘古站起来，抡起一把斧头，一斧子就劈开了混沌。

没有人追问，这把斧头是从哪里来的。当然，对于创世神话来说，斧头是个小问题，是个不值一提的小漏洞。

混沌被劈开后，气分清浊，清净之气较轻，上升为天，浑浊之气较重，下降为地。天地初分，盘古担心它们不牢靠，就头顶着天，脚踩着地，他每天长高一丈，天地之间距离就增加一丈，就这样过了一万八千年。

一年 365 天，每天一丈，一万八千年，就是 657 万丈，约等于 21900 千米，相当于地球两点之间最远的距离。

如此天高地远，再也没有连接的可能，可是盘古自己也累倒了。

盘古大公无私，即使倒下了，也要发光发热。他的眼睛化作太阳和月亮，躯干化作高山名岳，血液化作河流，筋骨化作道路，毛发化作草木，呼吸化作风雨雷电，而他的心脏刚好落在华夏大地上，于是古人认为我们居于世界的中央。

当然，故事大致如此，不同的人讲述会增加一些不同的细节，故事本身也会随着时间的推移而有所变化，但盘古用斧头开天辟地这件事，算是定了。

那么作为混沌孕育出来的人，盘古这个人是男是女呢？

要弄清楚这个问题，就要从故事产生的时间来探寻。其实在上古的典籍里，并没有关于盘古的记载。

中华民族自古敬天法祖，从氏族部落到当代文明，传承有序。但在上古典籍和传说里，并不存在一个盘古氏。我们耳熟能详的钻木取火的燧人氏，盖房子的有巢氏，人文始祖伏羲氏，补天造人的女娲氏，尝百草的神农氏，以及统一华夏部落的轩辕氏，都镌刻着先民的记忆，可是盘古却缺席其中。

实际上，盘古开天地的传说产生时间较晚，并且在故事构架上，与华夏其他民族的神话高度重合，可以说是中华各民族大融合的产物。大约到汉末三国时期，才有了盘古开天地神话的正式记载。

三国时期的吴国人徐整写了一本名叫《三五历纪》的书，专门探讨三皇五帝以来的事，是最早记载此事的著作。盘古故事的雏形就源于此。那么盘古究竟是男是女呢？

中华上古八大姓氏，姬、姜、姒、嬴、妘、妫、姚、姞，全部都是“女”字旁，这是人类部落初始母系氏族文化的直观体现。女性为主导的社会，文化上自然要突出女性的高级地位。比如造人的女娲氏，性别就一目了然。照此来推断，开天辟地这么大的功绩，一定得算在女性头上，而盘古一定是个女人。

但是从故事本身来看，盘古挥动大斧开天辟地，头顶高天、脚踩大地这个形象，却完全是阳刚力量的体现，几无技巧可言。而与之相较，女娲造人以及女娲补天，则完全是手工技艺和智慧的体现。

据此，我们有理由推断，盘古开天辟地应该是男性地位提升以后，为自己编造出来的神话。什么事才能比补天和造人更伟大呢？远古的男人们绞尽脑汁，参考其他民族的神话，终于想出了“开天辟地”这件丰功伟绩。

所以说，开天辟地，是父系社会崛起的标识，是男权用力量抗争母系社会，夺取世界支配权的象征。

地势坤而厚德载物，天道乾而道法自然，母性阴柔，父性阳刚，社会发展到一定阶段，在征服世界的过程中，人类需要付出更多的体力，母系社会向父系社会转变就成了必然。而挑战母系社会的阳刚之气，就是盘古的开天之斧，破开混沌，迎来由男性定义的新天地。

当然，阴阳同根，阴阳互育，随着文明的发展，人类社会从母系社会到父系社会，又从父系社会逐步走向男女平权社会，生生不息，源远流长。

我们通过三皇五帝铭记先贤的开拓，上古八姓铭记母性的仁慈，盘古开天地铭记父性的厚重，传承古人不畏自然、开天辟地的阳刚精神，才是我们今天讲述盘古开天地的意义所在。

第 2 弹

补天这种细活儿还得女神干

人类终极三问：我是谁？我从哪里来？要到哪里去？

无论东方人还是西方人，吃饱以后，守着火堆，吹着凉风，面对漫天星斗，都会思考自己存在的意义。

当然，现代科学给了我们一些合理的解释，比如生物的进化，自然的选择，在整个人类产生的过程中，充满了无数种偶然性和必然性。

可是在进化论出现之前，神创论是世界各民族的主流认识，可是各种文明却有不同的表述。

在《圣经》里，上帝耶和华用五天时间创造万物之后，也许是觉得如此伟大的事业若无人欣赏便如衣锦夜行，就在第六天，按照自己的模样用尘土造了一个人。这就是世界上的第一个男人——亚当。过了几天又嫌他太孤独，就用他的一根肋骨造了第一个女人，取名夏娃。所以基督徒有句话：我们生于尘土，必将归于尘土。

古希腊人说，自己是由女神珀耳塞福涅创造的。珀耳塞福涅是宙斯和大地女神的女儿，她有一天做工艺品，用黏土捏出了人的形象，并请求宙斯赐予生命。人有了生命之后，一家三口为其命名权起了争执，因为大地女神认为造人的泥土属于自己，所以也掺和进来。最后请了第三方天神做裁决——人死后灵魂归宙斯，躯体归大地，但活着的时候属于珀耳塞福涅。

也许不同的神掌握的造人工艺不同，所以有些神还使用了别的材料。崇拜太阳神的古埃及人认为，万物都是由太阳神阿蒙创造的，人也不例外。而很诗意的是，埃及人认为自己是神的眼泪和汗珠，也就是说，埃及人是水做的。

更有趣的是南美洲的玛雅人，因为他们的日常主食是玉米面，所以就坚持认为自己是造物主用玉米面捏成的。或许是因为材料不稳定的缘故，所以古埃及文明和古玛雅文明，后来就在历史长河中衰亡了。

因为中国古代没有玉米，所以在中国神话里，女娲还是用相对主流的材料——泥土创造了人。

关于女娲的形象，有形形色色的说法，但无论是哪一种，她都是中国民间最受老百姓尊崇的神灵。她代表了智慧、坚韧、慈悲和仁爱，可以说，她就是母性的完美化身。

在神话传说中，女娲曾干过两件大事，一件是补天，一件是造人。

女娲补天的故事，可以看作上古大洪水时期的遗留记忆。神仙打架，凡人遭殃，水神共工和火神祝融打架，共工败了，却丢不起面子，像个泼妇一样撒泼耍赖、寻死觅活，一头撞向不周山。

可是不周山是擎天柱，也许是盘古的哪条腿变成的，被共工一头给撞倒了，承重墙一倒，天塌了一大块，天河倾泻而下，水漫人间。这下子，地上的人受大难了。作为人类的母亲，女娲哪能对自己的孩子见死不救，赶紧到处寻找来五色石，熔炼后把窟窿补好，世界这才恢复了太平。

如果说“补天说”是人类对远古灾难的记忆，那么“造人说”就是人类对自己起源的追索。

跟西方造人的故事差不多，女娲也是按照自己的形象捏土为人，后来这活儿干着干着干烦了，她就干脆开始用柳条洒泥水为人。传说我们这些人里长得好看的，都是女娲用手捏出来的，长得难看的，则是她用柳条甩出来的。

有意思的是，上帝造人只造了两个，而女娲一造就造了千百万个。作为中华文明的母性代表，她造了人，却并没有把人类当作自己的私有财产，也没有让人类必须奉献于她，而是把整个世界交给了人类，让我们创造属于我们自己的文明。“水利万物而不争”，女娲完完全全诠释了一个母亲的无私形象，只给予而不索求。

而关于女娲更多的传说，都充分证明了这一点。

因为早期的传说没有盘古开天地，所以女娲就承担了创造这个世界的所有工作。太初，她见混沌未分，就先生了四个儿子——青榦、朱四单、翟黄难和油墨榦四神，来维护世界运转，正四极、约四季，给世界的稳定运转制定规律。可以这么说，女娲给自己制定了一个漫长的计划，在造人之前，她干的所有事，都是为了造人做准备。这有点儿像一个将要做母亲的女人在做的备孕工作。

人想活下来，除了四极八荒和寒来暑往之外，还得有更多的条件，吃喝拉撒，衣食住行，一项都不能少。于是，在造人之前，女娲又做了数之不尽的杂事。

她先花了六天时间，给人类造了些伙伴。正月一日为鸡，二日为狗，三日为猪，四日为羊，五日为牛，六日为马。鸡是用来啼鸣报晓的，狗是用来看家打猎的，猪和羊提供肉食，牛用来干活儿，马用来代步，等这些条件全都具备了，第七天，女娲才正式造人。所以正月初七，是人类的共同生日。

你以为这样就完了吗？并没有。女娲注意到人类和动物不同，既不能光吃肉，也不能只吃草，于是在第八天，她又创造了谷物。这么贴心周到，也只有当娘的人才能干出来。

神话故事之所以能源远流长，主要是因为可以折射人心。中华文明选择女娲这样无私的母亲形象作为自己的创世神，一则是因为母系社会的远古记忆，更重要的就是对女性的尊重和感恩。是永恒之女性，引领我们上升。

西方神话的创世神，无论是宙斯、太阳神还是上帝，都属于父系之神，要求人类绝对听话和信奉，一旦人类不尽如神意，便动辄惩罚，以显示自己的权威。而我们的创世神女娲是母系之神，无私付出，大度包容，慈悲为怀，该放手时就放手，从不索求，所谓“慈母爱子，非为报也”就是这个意思。

两种神灵，一严一慈，衍生出两种不同的文明。犹太人有句谚语：“上帝不能无处不在，因此他创造了母亲。”而对我们中国人来说，母亲就是上帝。

第 3 弹

燧人氏：人类第一个物理学家

人类在日升月落中活了不知多少年。

每当日落西山，太阳带走最后的余晖，留给人类的只有无尽的漫漫长夜。而这一切，都被一个不安于黑暗的年轻人打破了。

先秦典籍《尸子 · 君治》记录了这个过程：“燧人上观辰星，下察五木，以为火。”

一位叫燧人的年轻人，孤独地仰望漫天星斗，他想，有没有一种东西，能让夜晚也像白天一样光明？

有一天，他目睹雷电劈中大树后燃起大火，惊恐而兴奋。等雨过天晴，他找到了那棵熄灭的树。或许他认为，火，就深藏在这些木头里面，便下决心一定要把它找出来。于是，第一个物理学家诞生了。

就像发明家爱迪生经过千百次实验，才最终找到做灯丝的材料，燧人也经历了无数次失败，终于在木头里钻出了火。

这样的故事，既符合我们这个民族的浪漫想象，也符合人类进步的规律。而在东晋王嘉所著的志怪小说《拾遗记》里，这个故事被演绎得更有传奇色彩：

燧明国有大树名燧，屈盘万顷。后世有圣人游日月之外至于其国，息此树下。有鸟啄树，粲然火出。圣人感焉，因用小枝钻火，号燧人氏。[1]

就是说，燧明国有一棵大树，树名叫燧。这棵树非常巨大，注定了它的不凡。有一位圣人来到这里，坐在树下修行，看见有鸟儿啄树，树干上发出灿烂的火花，心有所动，用小树枝在木头上摩擦，生出了火。于是大家尊称他为燧人氏。

这些神奇的故事都佐证了一个现象：在生产力低下的远古时代，人们都在内心渴望有神创造神迹，带领黑暗中的人走向光明。

不仅志怪小说，在历史书里，燧人的故事也有不同的演绎，蜀汉学者谯周所著的《古史考》说得更详细：

古之初人，吮露精，食草木实，穴居野处，山居则食鸟兽，衣其羽皮，饮血茹毛，近水则食鱼、鳖、螺、蛤，未有火化腥臊，多害肠胃。于是有圣人以火德王，造作钻燧出火，教人熟食，铸金作刃，人民大悦，号曰燧人……

这段内容从实用角度详细比对了没有火的坏处和有火的好处。有人说："哎，没有火正好可以吃生鱼片，再说原始社会也没有水污染，生鱼片吃起来，味道肯定好极了。"这话乍一听似乎也没错，可是仔细一想，其实火的功用并不限于做饭，还有很重要的一点是制造工具。

[1] 本段内容在流传下来的《拾遗记》中已佚，为《太平御览·卷七十八·燧人氏》引《王子年拾遗录》（即《拾遗记》）。

人类和动物的显著区别，就是人类会使用工具。而人类从石器时代发展到青铜器时代，是生产力第一次跨越式进步。在中国境内，青铜文明主要有三个起源地，长江流域、东北辽河流域和西北齐家青铜文化。

为什么是这三个地方？因为它们有一个共同点——家里有矿。对，这三处都有金属矿床，矿床越丰富的地方，文明发展越快。说到底，就是金属工具的使用，让人在征服自然的过程中越来越具有主动性。

石器是敲打和磨制出来的，而金属器具是用火锻造出来的。如果没有火，金属矿石就不可能转化为工具。没有刀，就算吃生鱼片，也不那么方便。

相比燧人氏，西方“燧人”普罗米修斯的故事，就显得比较悲怆。

远古时期，西方人捕获猎物，自己吃肉，把骨头奉献给神灵。众神之王宙斯非常生气，为了报复人类，他把火锁在自家柜子里，不允许凡人使用。但是，普罗米修斯可怜人类，偷偷跑进宙斯的卧室，把火偷出来，带给了人类。

宙斯大发雷霆，命人把普罗米修斯抓回来，用铁链锁在高加索山的悬崖上，再命令一头恶鹰每天去啄食他的肝脏，吃完之后，肝脏又重新长出来。如此持续了三万年，普罗米修斯才被宙斯的一个儿子解救。

东方是钻木取火，西方是向天盗火。一取一盗，可以看出东西方文化的差异性。

但无论如何，如恩格斯所说，正是火的发现和使用，使人类第一次可以支配一种自然力，并最终把人类和动物彻底区分开来。

从这个意义来说，无论是燧人氏，还是普罗米修斯，都是不可或缺的文明之子。

第 4 弹

仓颉：汉字的知识产权所有者

每去一个城市，我都会看看当地的博物馆。

看得最多的，是那些撰刻在器皿上的文字，它们比那些琳琅满目的金银器、瓷器、玉器，更让我痴迷和激动。

虽然大多数时候，我并不能看懂，但每认出一个字，就会像孩子刚识字一般欢喜雀跃。因为有了文字，那些冰冷的石头和金属，在我眼里似乎是活物一般，我相信是文字赋予了器皿灵魂。

在汉字发明以前，结绳是人类记录事情的主要方式。如果是简单的事倒还罢了，今天吃鸡，打三个结，吃羊肉，打四个。但如果更复杂的事，绳子够不够且不说，打那么多结，起码得发明二进制编码才能说明白。

随着社会发展，人类累积的海量经验和英雄传说亟须记录，结绳记事的方式显然太落后了。发明一种更新的记录方式，刻不容缓。

即使迫切，对普通人来说，最多闲的时候在墙上画个简笔画，记录一下特殊的日子和事件。可对于需要天天以此为工作的人就不同了。这个人就是仓颉。

仓颉不是原名，他复姓侯刚，是轩辕黄帝的史官，每天都要把大事小情通过结绳的方式记录下来。可以想象，他成天要跟一堆粗细不等、长短不一的绳子打交道，早就恨不得快刀斩乱麻。一旦黄帝问到某天发生了某某事时，他还要再拽出根绳子，一字一句把它们翻译回来。如此麻烦的工作，简直可以摧毁一个人的身心。

所以，他就整天琢磨怎么样才能让自己的工作变得简单而精确。苦心人，天不负，终于有一天他灵机一动想到：万事万物都有自己不同的形态，不如就照着它们的样子，把它们画下来。

《说文解字》在序言里这样记载："仓颉之初作书也，盖依类象形，故谓之文。"

他最初按照事物的形象，造了一些简单的"文"，这就是我们今天所说的象形字。象形字满足了人类最初的需求，比如"日""月""鸟"等等，虽然并不多，但意义非凡。人们通常把文字出现以后的历史称为文明史，把文字出现之前的历史称作史前史。也就是说，文字的诞生标志着文明的诞生。

这不仅对人类是大事，对整个世界都是大事。

《淮南子·本经训》中记载："昔者仓颉作书，而天雨粟，鬼夜哭。"

什么意思？就是说文字的出现引发了自然异变，粮食像下雨一样从天上落下来，鬼神在夜里号啕大哭。为什么会这样呢？

唐代画家张彦远在《历代名画记》中有精彩解释："造化不能藏其秘，故天雨粟；灵怪不能遁其形，故鬼夜哭。"因为文字潜藏了造化的奥妙，从此以后，人类可以洞悉万物，包括那些隐藏的事物。

二十四节气里，春季最后一个节气"谷雨"，就是为纪念"天雨粟"而来的，象征了老百姓对丰收的美好祝愿。

西汉的《春秋元命苞》里除了"天为雨粟，鬼为夜哭"外，还有"龙乃潜藏”。大家都知道，龙是传说中的神异动物，能显能隐，能细能巨，能短能长，吞云吐雾，变化无穷。连龙都因文字的出现而潜藏起来，可见文字之伟力。我们现在见不到龙，可能就与此有关。

想进一步理解其所以然，我们可以从西方神话中触类旁通。

亚当和夏娃偷吃了智慧树上的果实，有了智慧，耶和华便厌恶他们，把他们赶出了伊甸园。为什么呢？因为人类有了智慧，有了认知世界的能力，对神就不再满足于单纯的信，而是要探索世界背后的真谛。这本来是神的特权，可自此以后就不是了。

有意思的是，汉字产生之后，自身就携带了强大的繁殖力。随着人类对世界认识越来越广，越来越深刻，只用象形字已经无法满足需求。于是，在象形基础上，又产生了形声、会意、指示、转注和假借这另外五种造字法。

当然这已经不只是仓颉一个人的功劳了，但仓颉作为汉字的知识产权所有者，中国人不仅没有忘记他，而且把他尊为文祖，称呼其为仓圣。

也有一些野史秘闻说字并不是仓颉一个人造的，还有一个叫沮诵的人也参与了造字。先秦典籍《世本》记载：“沮诵、仓颉作书，并黄帝时史官。”可不知道为何，关于沮诵的记载极少，所以功劳就只能算在仓颉一个人身上。

以至于后来，仓颉被民间尊奉到了帝王级别，说他天生人面而龙颜，长了四只眼睛，可以仰观天象，俯察万物……总之就是非同凡人。民间对伟大人物的美好想象，通常都从相貌开始，这些与造字的仓颉已经没多大关系了。

我们都知道，世界上有四种古老的文字，分别是古巴比伦人所创的楔形文字，古埃及人所创的圣书文字，古玛雅人创造的玛雅文字，以及古代中国人创造的甲骨文。这四种文字各有特色，但流传至今仍然在用的，只有从甲骨文演变来的现代汉字。

这足以让我们自豪。

第 5 弹

☰☰☰☰☰

八卦不是用来算命的

一说起八卦，是不是首先想起的就是算命先生？

我年轻时，经常会在路上遇到一个莫名其妙的人，拦住我端详半天。我以为他看上我了，可他开口却说："先生，我看你印堂发暗……"我总是会被吓一跳。

回家之后，好几天心里都不痛快。这也不能怪我迷信，周围环境就是这样，所以算命先生这个行当，即使在唯物主义的今天，也不会消失。

当然并非只是中国如此，国外也差不多，塔罗牌算前程，水晶球看命运，跟我们摸骨、测字、看手相其实是一回事。

长大以后，我成为一名道士，也经常被人问起算卦的事情，这就会遭遇一个悖论。

如果我随他们心意，算了，他们便会很高兴听我说，可我自己知道，我是在鬼扯。但如果说我不会算，便会遭了他们的白眼，说我是个假道士。

因为，在很多人眼里，既然是道士就应该会占卜、算卦，就像和尚就应该会看相、算命。事实上，这都是误解，这种误解与影视剧分不开。

在古装电视剧里，经常会见道士手持一面旗帜，上面画着阴阳八卦图，写着张神仙李半仙，或者“麻衣神相、铁口直断”，张口“亢龙有悔”，闭口“潜龙勿用”，一看就知道编剧是《天龙八部》看多了。

其实八卦并不是用来算命的。不过这事儿误解范围大、程度深，咱们得从根儿上说起。

八卦源于伏羲。伏羲是华夏人文祖神、三皇之一、女娲的兄长。他人首蛇身，长相非常酷，不过更酷的还是他做的事。

《易传·系辞下》云：

> 古者包牺氏（伏羲氏）之王天下也，仰则观象于天，俯则观法于地，观鸟兽之文与地之宜，近取诸身，远取诸物。于是始作八卦，以通神明之德，以类万物之情。

也就是说，八卦是伏羲观察周天万物后，做的一个归纳总结，以此来通达祖宗神明之厚德，迎合万事万物的自然法则。如此看来，伏羲干的事和古希腊那些哲学家，如泰利斯、赫拉克利特、毕达哥拉斯等人干的，应该非常类似。其实就是想找出世界的本原及其运转规律。

古希腊哲学家泰利斯是第一个追问世界本原是什么的人，被称为西方哲学和科学的始祖。他认为“水生万物，万物复归于水”，其意义不在于万物真的是不是水，而是代表了一种思维方式。

如果万物皆是水，那么万物运转的规律就应该和水很类似。而水，是可以被人类认知和感知的，没有什么神秘性可言。那么推此及彼，万物跟水一样，也是可以被人类认知和感知的。也就是说，宇宙中没有什么神秘的东西，只要按照规律去探索，必然能够理解。

除泰勒斯以外，古希腊很多哲学家都有自己的世界本原学说，毕达哥拉斯认为世界本原是数；恩培多克勒认为世界由水、火、土、气四种元素构成；而德谟克利特认为世界的本原是“原子”。那么伏羲所说的“八卦”究竟是什么呢？

八卦其实也代表了八种自然之物，就是天、地、雷、山、火、水、泽和风，这八种东西构成了我们生活的整个世界。这是伏羲经过观察思考后的归纳总结，可以说是最早的朴素唯物主义理论。

世界的本原是这八种自然之物，并不是说世界上只存在这八种东西，而是表明万物都是由这八种事物演变而来的，如何表现这种演变呢？这就出现了“爻”。

八卦图形是由不同长度的横杠组成的，这些横杠就是爻，长者为阳爻，短者为阴爻。

《易传 · 系辞下》还说：“爻也者，效天下之动也。”翻译过来就是说，爻这个东西，可以呈现出天地间万物的变化道理，就是自然规律。

既然是规律，有人就想尝试能不能用已知来推算未知。这就要讲到另一个大家熟悉的人——周文王姬昌。看过《封神演义》的都知道，文王曾经被纣王长期拘禁在羑里，并在此期间创造了《周易》。这不是电视剧编造的，《史记》里记载“文王拘而演周易”，说明这件事比较可信。

可以想象，文王被“双规”期间，惶恐不安，对自己命运的不确定充满恐惧。想找人算算，发现世界上还没有算命先生这个职业，求人不如求己，他决定自己动手，找到自己的命运轨迹。他根据伏羲的先天八卦，演绎出六十四卦和三百八十四爻，还为每一卦每一爻做了卜辞和爻辞。这件事被其他人知道了，一传十，十传百，老百姓就都知道了。

你想想，在那个巫的年代，如此非凡之人，自然赢得了百姓的敬重和景仰。所以周灭商后，老百姓也就坦然接受，天命所归，顺之者昌，姬昌。

自此以后，八卦就成了卜算国家大事和个人命运的源代码，出兵，算一卦，娶媳妇，也算一卦。上到上层建筑，下到平头百姓，都觉得自己的一举一动和自然息息相关，也就是我们常说的“天人合一”。

当然，八卦的真正起源，如今已经遥不可考。我们大致可以推断，上古时代记录信息的手段极其有限，没有竹简，没有纸张，没有光盘，更没有移动硬盘，连部落的发展史都只能口传心授。但口传心授毕竟有局限，后来慢慢就发展成刻在龟甲、陶器、泥瓦、石头上，但这些材料都比较硬，刻起来很费事，不可能长篇大论，所以必须浓缩化、抽象化、精简化、分类化和符号化。最简单方便的当然就是用长短不一的横杠排列组合。

总之，八卦就这么产生了，不仅产生还通过演绎、阐释、误读……传承了下来，这简直是文明的奇迹。在科学已经突飞猛进、上天入地的今天，如果我们还认为八卦是用来算命的，那真的是误会了先贤的初心。

那么，八卦到底有没有科学道理呢？见仁见智。但从道教的世界观来说，太极生两仪，两仪生四象，四象生八卦，八卦演万物，这合乎宇宙大道。

天地之初，没有时间，没有空间，就是无极状态。当有了“有”的概念，无极化太极，也便有了阴阳对立，如同宇宙大爆炸后，奇点分为正负粒子，正负粒子互相演变、纠缠，产生了宇宙的万事万物。

八卦中，我们画一横“—”，奇代表阳，画两个小短横“--”，偶代表阴，一阴一阳就是最简单的二进制，而二进制是网络信息时代的基础。可是二进制这个东西，对古人来说实在是太复杂了，实在是麻烦，不如将错就错，算算命得了。

第 6 弹

为什么秦始皇会相信人能长生不老?

人生而有灵。而人的一生弘一大师总结为“悲欣交集”。

开心的是，我总能以个体之“我”审视世界。悲伤的是，生命总有终结之时。

无论宗教对死后世界描绘得多么精彩，我们普通人莫不珍视活着的世界。《西游记》里，菩提老祖给孙悟空多项选择，孙悟空只问一点:“可得长生吗？”所以，自古以来长生就是人类的永恒追求之一。

古埃及法老王把自己做成木乃伊，期望来世复活；秦始皇一统天下后，便派人到海外寻仙，求取长生之药。从西方的炼金术，到东方的炼丹术，从传统的养生法，到现代的基因改造，从气功到瑜伽，到黑魔法，再到人工智能，面对死亡这个永恒的命题，宗教和科学各显其能，试图摆脱时刻悬在头顶的时间铡刀。

《史记·封禅书》记载，秦始皇统一六国后派了很多方士，让他们携带童男童女，四处去寻找神仙，其中就有我们耳熟能详的徐福。

方士，就是方术之士，也属于诸子百家的一种，起源于战国时燕国、齐国一带。他们并不是我们说的那种江湖术士，而是有着比较完善的传授系统。儒家讲仁义，道家讲无为，法家讲法治，而方士的核心思想就是长生。他们认为人可以通过服食和淫祀而长生不老，成为神仙中人。

虽然听起来跟道家后来的思想有类似之处，甚至道士也有“方士”的别称，但两者并不相同。道家注重的是“内”，通过守中、抱一、无为、不争，来达到长生的效果。而方士更注重“外”，如服用各种仙丹灵药，举办一些形形色色的仪式，所以更接近于巫觋。方士们的“方”，即所谓五花八门，但总的目的就是让人长生不老。

人人都想长生，但对普通人来说，最多烧香磕头拜神，希望活着无灾无病，尽可能多活几岁。富裕的人家主动性就更强一些，讲究吃喝之余还要养生，该锻炼锻炼，该打坐打坐，该吃补品吃补品，希望让自己的富贵生活尽可能延长。

而对于那些把天下当财富的人来说，最渴望的当然就是让自己的统治一直持续下去，交给儿孙都不放心，那么长生就成了他们最大的心愿，而方士就是他们达成心愿的唯一途径。方士所从事的行业，其实属于刚需。

如果世界上从无长生之说，突然有人告诉你说能让你长生不老，你当然不相信，但是在古代的典籍里，关于长生的记载给了他们依据和希望。

翻开史书，《帝王世纪》记载：

> （炎帝）在位百二十年而崩。
>
> （黄帝）在位百年而崩，年百一十岁。
>
> （帝尧陶唐氏）即位九十八年，寿一百一十八岁。

虽然百十来岁算不上长生，但在“七十古来稀”的时代，已经是奇迹了。何况还有更夸张的。

据敦煌写本《天地开辟已来帝王纪》记载：

> 伏羲氏，洛阳人，姓风，汉中皇帝之子。尔时人民死，唯有伏羲、女娲兄妹二人衣龙上天，得存其命，恐绝人种，即为夫妇。治在豫州，水王天下，治经一万八千年，遂有炎帝神农为地皇承后……

其中划出的重点是“治经一万八千年”，在位时间都有一万八千年，保守估计他的寿命也要有一万八千零十几岁吧。服不服？

如果说这些都是传说中的人，那么鬼谷子却是真实存在的。鬼谷子是先秦奇人，也是道教祖师之一，同时被称为“纵横家鼻祖，万圣之先师”。历史上对他个人的记载并不多，但他的学生们个个都是旷世奇才。

孙膑、庞涓是他的弟子，苏秦、张仪也是他弟子，商鞅、李斯、吕不韦、白起、李牧、王翦等人，都是他的弟子，就连徐福也据说是他门下。以历史准确的记录为据，庞涓死于公元前341年，而李斯生于公元前284年，这就是57年，以至于有人推算鬼谷子活了至少三百岁。

还有一位耳熟能详的长寿者，就是彭祖。他从尧舜禹时代，一直活到商朝。据记载他是帝颛顼之孙、陆终氏之中子，历夏而至商末，号七百岁，亦有八百之说。

他为什么能活这么久？无数人研究来研究去，最后发现他做的鸡汤非常好，能让人长寿。屈原《天问》中就有“彭铿斟雉，帝何飨？受寿永多，夫何久长？”

屈原好奇什么呢？喝了彭祖的鸡汤，尧帝活了一百一十八岁；喝了彭祖的鸡汤，大禹活了一百岁；彭祖天天喝自己的鸡汤，活了八百岁。于是屈子聊发感慨，自己命运多舛，难道是因为无鸡汤可喝？

正是因为有鬼谷子和彭祖这些长寿者，才给了历朝历代君主们无穷的信心。许多帝王将相为求长寿迷信炼丹法术甚至巫蛊之术。也许权势和长生不能两全，到目前为止，还没有记载哪位帝王能成功的。

至于传说中那些上古的长生者，只要不是神仙，活再久也总是会死的。幸好上古的历史并不是无迹可寻，考古和遗迹都是有力的证据。在公元前 19 世纪至公元前 16 世纪的二里头文化遗址里，发掘出大量遗骨，据鉴定死者的平均寿命并不高，近一半人死于 35 至 54 岁之间，60 岁以上的死者仅两人，平均寿命只有 39 岁。

其实我真正感兴趣的是，假如上天真借给你五百年，你愿意要吗？

第 7 弹

为什么我们是“炎黄子孙”而不是“黄炎子孙”？

人早就习惯了胜者为王、败者为寇的思维模式。但我纵观华夏文明史，发现强弱之间并不是简单的强者存活，弱者消亡，其间相互的纠缠非常复杂而多样。

比如，我们习惯称呼自己为炎黄子孙，说起来很顺口，但稍微思考一下，就觉得有问题。我们都知道，历史书上说黄帝在阪泉之战中打败了炎帝，吞并了他的人口和地盘，按照人们对排名的理解，黄帝应该在炎帝之前。可为什么是炎黄子孙，而不是黄炎子孙呢？

这事要从远古说起。

上古人物的关系错综复杂，不同的记载可以得出完全不同的人设。比如关于黄帝和炎帝的家庭，就有很多不同说法。

《国语 · 晋语四》记载："昔少典娶于有蟜氏，生黄帝、炎帝。"

《史记 · 五帝本纪》也说："黄帝者，少典之子。"

西汉贾谊的《新书 · 益壤》说："黄帝者，炎帝之兄也。"《新书 · 制不定》又说："炎帝者，黄帝同父母弟也。"

根据这些记载，可以得出，黄帝和炎帝是亲兄弟，父亲是少典，母亲是有蟜氏，黄帝是炎帝的哥哥。

两人都天生不凡，黄帝一出生就会说话，到15岁无所不通，是天生的帝王之才，继位之后更是文治武功无所不能。黄帝热衷于对外征服，战无不胜，满怀雄心壮志，致力于建立一个大大的王朝。但真正让黄帝一战成名的，还是与蚩尤的涿鹿之战。

蚩尤是九黎族部落首领，相传兄弟八十一人，个个三头六臂，铜头铁额，刀枪不入，不吃不休……简直就是个机器人军团。九黎族的势力范围原本在山东地区，势力壮大后，就想向西边的中原扩张。

蚩尤首先遇到的是炎帝部落。炎帝擅长内政，不擅长打仗，三下五除二，就被蚩尤打个落花流水，地盘被占了。打虎亲兄弟，上阵父子兵，炎帝赶紧向黄帝求救。黄帝开始也不想去，但再一想，唇亡齿寒，兄弟要是被彻底灭了，不就轮到自己了吗？

于是黄帝就组织人马，雄赳赳气昂昂去支援炎帝，可没想到九战九败，根本不是人家对手。不过，黄帝最终还是战胜了蚩尤，《山海经·大荒北经》对战争的结果做了介绍：

> 有系昆之山者，有共工之台，射者不敢北向。有人衣青衣，名曰黄帝女魃。蚩尤作兵伐黄帝，黄帝乃令应龙攻之冀州之野。应龙畜水。蚩尤请风伯雨师，纵大风雨。黄帝乃下天女曰魃，雨止，遂杀蚩尤。

大荒之中有系昆之山，其上有一座高台，叫共工之台，因为这里居住着一位天女，所以就连射猎的人也不敢向北引弓。她穿着一袭青衣，名叫女魃。此时，人世间正在发生一场惨烈的战争，主角是黄帝与蚩尤，在应龙与风伯、雨师斗法时，天地之间狂风暴雨。最后，黄帝请来天女魃助阵，于是风停雨骤，杀死了蚩尤。

《诗经·小雅·棠棣》里说“兄弟阋于墙，外御其侮”，那么外御其侮结束了，就该兄弟阋于墙了。蚩尤死后，他空出来的地盘就成了炎黄兄弟俩争抢的对象。这也是一场旷日持久的战争，一点儿都不比战蚩尤更容易。

《大戴礼记·五帝德》记载：“黄帝……教熊罴貔豹虎，以与赤帝（炎帝）战于版（阪）泉之野，三战然后得行其志。”

《列子·黄帝篇》记载：“黄帝与炎帝战于阪泉之野，帅熊罴狼豹貙虎为前驱，雕鹖鹰鸢为旗帜，此以力使禽兽者也。”

这一仗干得惊天地泣鬼神，黄帝还派出了自己的特种部队，以熊、狼、豹、虎等猛兽为前驱部队，半空中还有雕、鹰等猛禽掠阵。

三场大战以后，炎帝落败认输，表示愿意听从黄帝的命令，把自己的部落合并入黄帝部落。黄帝仁义，并没有因为自己是胜利者而得理不饶人，反而对炎帝部落一视同仁，让自己的妻子亲自教他们养蚕缫丝，把自己掌握的造车、造船技术也教给他们。

投桃报李，炎帝也把自己擅长的耒耜等农业工具和自己尝百草后总结的医学经验与黄帝部落共享。双方相处得非常融洽。

双方组成的新部落，被称为“黄炎部落”，而在发展过程中，唯一的正统性让炎帝的身份越来越被削弱，以至于后人都把黄帝尊为中华民族的始祖，自称“黄帝子孙”。

一直到清朝末年，面对列强入侵，清政府的软弱已经让人对朝廷丧失了信心，必须发动全国人民联合起来，自强自救。这就需要一个可以代表中华民族的词，让大家产生身份上的认同感。于是，“炎黄子孙”的说法诞生了。

为什么是“炎黄”，不是“黄炎”呢？

因为黄帝代表的是汉族，但是北方少数民族都认为自己是炎帝后人。汉族知识分子统战意识很强，为表示对少数民族的尊重，就把炎帝放在了黄帝之前。

历史的有趣在于，胜者和败者、强者与弱者之间是一种共生关系，并非简单的打败、征服和取代，而是一种更深层次的认可和继承，也是一种文明延续所必须具备的批判的“沿袭”。

第 8 弹

战神蚩尤：受尊重的失败者

历史是由胜利者书写的，所以在上古神话里，我们看到的大都是德行和能力都无可挑剔的帝王，他们以仁义治天下，从不主动发起战争，因为品德高尚，所以根本不需要打仗，就能得到全天下的臣服和尊重。

于是，在中国的神话体系里几乎没有反派，至少没有可以与三皇五帝等正统帝王身份对等的反派。就算是地狱、龙宫也都是中央派出的职能部门，更不用说妖魔鬼怪了。这是由自古以来“率土之滨，莫非王臣”的思维模式决定的。

只有蚩尤是一个例外。他虽然战败被杀，但并未同其他战败者一样，在史书上销声匿迹，而是以一个悲壮更悲怆的形象，被后人反复书写，被尊为“战神”。

蚩尤的身份是个巨大的谜团，在先秦古籍中，有的称“蚩尤”为上古帝王，有的记载蚩尤是部落首领，还有人说蚩尤只是一个敢于挑战权威的平民。

蚩尤是哪里人？也有很多说法，有人说蚩尤是上古九黎部族的首领，有人说他是东夷首领，还有人说他是三苗部落联盟的酋长。

总之，他是个来历不明的神秘人物。

不论身份如何，但所有的史书都言之凿凿，说他是个极其厉害的人物。虽然他最终败于黄帝，但谁都无法否认，他给黄帝带来了巨大的麻烦，说他“制五兵之器，变化云雾”，“作大雾，弥三日”，黄帝“九战九不胜”“三年城不下”。

《龙鱼河图》[2]说，黄帝“不敌”蚩尤，“仰天而叹，天遣玄女下授黄帝兵信神符，制伏蚩尤。”

就是说，黄帝根本打不过蚩尤，无可奈何，只好向天诉苦，上天派九天玄女，给他送来调动天兵天将的印信，这才打败了蚩尤。所以，从武力值的角度来说，黄帝真的比不上蚩尤。那蚩尤究竟有多厉害呢？

《龙鱼河图》还说：“蚩尤兄弟八十一人，并兽身人语，铜头铁额，食沙石子。”这哪里是人啊？分明就是机甲部队。

而具体到蚩尤个人，则更为恐怖。南朝梁任昉所著《述异记》曰：“（蚩尤）人身牛蹄，四目六手……耳鬓如剑戟，头有角。”这样的形象，完全就是一个赤裸裸的恶魔，怎么能成为民间尊崇的战神呢？

将战败者妖魔化，才能彰显胜利者的正义性，这样的事，在历朝历代的正史里屡见不鲜。我们不妨拨开疑云，大胆假设，小心求证，在缝隙之间找到历史的本来面貌。

真正的原因，我们要从蚩尤本身说起。战斗力是生产力的一部分，蚩尤部落骁勇善战的背后，与其掌握的先进生产力和生产工具密不可分。作为东夷九黎部落的首领，蚩尤也跟黄帝一样，带领自己的部落在中原一带兴农耕、冶铜铁、制五兵、创百艺、明天道、理教化，而在冶金技术方面，蚩尤部落要远远强大于黄帝与炎帝。

---

[2] 《龙鱼河图》原书已佚，本篇所引均出自《太平御览·卷七十九·黄帝轩辕氏》引用《龙鱼河图》的内容。

我们都知道，最早的兵器都是从耕作和狩猎工具演化而来的，冷兵器时代没什么复杂的战术，拼的就是消耗。生产兵器的能力越强，战斗力就越强。

蚩尤军队的到来，让炎帝和黄帝部落的人见识了许多闻所未闻的武器，包括进攻武器和防御武器，所以才有了“人身牛蹄，四目六手……耳鬓如剑戟，头有角”这样的描述。

我们在影视剧里见过维京武士的装扮，头戴牛角铁盔，脸上有狰狞的防护罩，身上携带着长短兵刃，打起仗来像野兽一般……是不是和传说中蚩尤的形象颇为近似？

而且蚩尤的行事风格大概与黄帝不太相同，既然黄帝代表了正义一方被封神，那蚩尤只能代表邪恶一方被魔化。

那民间为什么会膜拜战败者蚩尤呢？这是战胜者黄帝的功劳。

《龙鱼河图》说：“蚩尤殁后，天下复扰乱不宁，黄帝遂画蚩尤形像以威天下。天下咸谓蚩尤不死。八方万邦皆为弭伏。”

也就是说黄帝本人，其实对蚩尤很是忌惮，这才会搞了蚩尤的画像来震慑天下。当然这其中也有炫耀和威吓的成分，这么厉害的人物都被我杀了，何况尔等？不得不说，这样做是有效的。只有把失败者渲染得越强大，胜利者的光芒才越强盛。

另外，蚩尤虽然战败死去，并不代表他强大的九黎部落就会消失，他们在黄河下游和长江中下游地区尚存有广泛的实力。后来，他们又慢慢形成了新的部族，这就是“三苗”，后来还发展出了自己的国家——荆楚，也就是后来楚国的雏形。

在九黎部落联盟里，除了苗族之外，还有瑶族、黎族、畲族等许多少数民族，他们普遍把蚩尤当作自己的祖先。中华民族从来不是单一的民族体，而是华夏这片土地上所有民族的共同体。我们纪念胜利者黄帝和炎帝，同时也缅怀失败者蚩尤，胜利和失败都是个人的、暂时的，但他们缔造的伟大古代文明，却是属于我们所有中国人的，是永久的。

第 9 弹

洪水滔天：全人类的脑子里都进了水

翻阅史书，我们会发现人类几乎所有文明都有关于洪水的记载。

据马克·埃萨克的《世界各地洪水故事》统计，世界上已有 181 个国家和民族发现有洪水故事，仅在“中国 56 个民族中，就有近 400 篇各种不同类型的民族洪水神话”，足见洪水故事的地域分布之广泛。

这绝非巧合，如此不约而同的集体记忆，只能说明一件事：在并不久远的过去，大约八九千年之前，地球上曾发生过一次足以灭绝整个人类的大洪水。

关于洪水的起源，各个民族都有自己的解释。

古巴比伦人说，某一天，众神觉得人类发出的声音过于吵闹，就随手一挥，发动大洪水来消灭像苍蝇一样嗡嗡不休的人类。

古苏美尔人认为人类的罪恶和暴行让众神不满，水神就发动了灭世大洪水，大水一直持续六天，直到第七天，洪水才退去。

亚伯拉罕的后人古犹太人认为，上帝耶和华不满人类的沦丧，发动洪水惩罚人类，洪水持续很长时间，只有他挑选的诺亚和家人乘坐方舟躲过劫难。这个故事通过《圣经》的传播，广为人知。

古希腊人的意思也差不多，众神之王宙斯觉得人类的罪恶已经无可救药，就召集众神，制定了用洪水毁灭人类的计划。宙斯的哥哥——海神波塞冬挥动三叉戟撞击大地，为洪水开路，淹没了整个世界。

古印度的《百道梵书》也记载了大洪水的故事，大神毗湿奴显化真身，指导一个叫摩奴的人用一艘大船拯救了世人。

综上所述，总之就是神觉得人类太聒噪，罪孽太深，于是便启动天谴程序，用于惩戒浮躁的人类。类似的大洪水其实并不止一次，只是这一次来得尤其猛烈，大有不灭绝人类不罢休的态度。

大概是神突然觉得，如果把世界彻底灭绝，自己就没有玩具了，于是向人类展示了自己仁慈的一面，留下了最听话的那一个或一些人。人类屈服于洪水的淫威，又一次被神灵所掌控并肆意玩弄。

在生产力低下的远古时期，各种天灾都会被赋予上天惩罚的神话色彩。但有趣的是，即使在神话里，面对滔天的洪水，我们的祖先也展示了与其他民族不同的一面。

他们并没有祈求上天眷顾，而是身体力行，采取治水的手段，积极与大自然做斗争。

《山海经·海内经》云："洪水滔天。鲧窃帝之息壤以堙洪水，不待帝命，帝令祝融杀鲧于羽郊。鲧复生禹，帝乃命禹卒布土以定九州。"

相传，尧在世的时候，中原地带洪水泛滥，淹没了田地，冲毁了房屋，人民流离失所，水患给人民带来了无边的灾难。

尧决心要消灭水患。一天，他召集大臣和部族首领开会，对他们说："各位，如今水患滔天，必须把这大水治住，你们看谁能当此大任？"

群臣和各部落的首领都推举鲧，可是尧一向对鲧有偏见，觉得他能力不足，但迫于没有更合适的人选，于是就暂且将治水的任务委任给鲧。

鲧领受任务后，采取水来土掩法，用尽各种办法堵截水流，可是堵了九年，无功而返。此时，尧已经老了，把位子让给了舜，舜操理朝政碰到的首要问题也是治水。

他先革去鲧的职务，以渎职之罪把他流放羽山。舜又向大伙征求意见，看谁能治水。我们不妨遐想一番，在治水工作会议上，众人面面相觑，谁也不敢出头。想来想去，一事不烦二主，干脆就对舜说：“鲧的儿子禹不错，我们推荐他去。”

舜心里觉得不太保险，就找来禹，对他说：“你说实话，究竟能不能治，我耽误不起时间了。”

禹说：“咱俩对赌，如果我治水成功了，你就把位子让给我。如果我治不了，你就杀了我。”

舜说：“你就这么想当老大吗？”

禹说：“只有当了老大，我才能把我爹救出来。”

舜也是千古圣王，不贪图权位，就答应了禹的条件。

禹带领着伯益、后稷等一批助手，跋山涉水，风餐露宿，三过家门而不入，走遍中原大地的山山水水。

经过实地考察后，他吸取了父亲堵截无效的教训，发明了一种疏导治水的新方法，其要点就是疏通水道，使得洪水能够顺利东流。经过疏导，昔日被水淹没的山陵露出了峥嵘，水泽变成了农田，人民又能筑室而居，播种粮食，过上幸福富足的生活。

洪水被治理以后，舜也言而有信，把位子禅让给了禹。大禹治水，功在当时，利在千秋，被中华民族永久传颂。

面对洪水的不同态度，也衍生出两种不同的文明走向，至于哪一种更好，我们后来人不应该做简单的评判，但我们以祖先这种“人定胜天”的信念而自豪。

大洪水退去后，我们的祖先还做过一件罕为人知的大事，就是一次全球范围内的地理大普查，详尽地记录了世界各地的风土物貌，不一而足。形成的普查报告就是大家熟知的《山海经》。

第 10 弹

你是百家哪一姓?

在古典评书里，两军交战，对阵一方的将领会指着另一方大喝一声："来者何人？你爷我刀下从不死无名之鬼。"双方互通姓名后，再动刀动枪。

冷兵器时代，个人对决，能力高下很明显。不像现在，弱小女子只要手里有枪，就可以轻易干掉格斗大师。《三国演义》里，所谓"一云二布三典韦"说的就是个人实战能力。赵云长坂坡一战成名，名震天下。以后再出战，只需要把常山赵子龙的名一报，对方要是等闲之辈，马上就撤了，绝不会扑上来送人头。

张飞在当阳桥头一声怒喝："我乃燕人张翼德也，谁敢与我决一死战！"曹操旗下精锐虎豹骑，竟无一人敢上前。刘备等人才得以脱身。

中国有句老话叫"行不更名，坐不改姓"。姓，统其祖考之所自出。姓氏是家族显性的 DNA，它是我们追根溯源的便利性依据之一。见过人更名的，却很少见有人改姓，除非是为了逃避仇家追杀、官方追捕，这才隐姓埋名。

姓氏源起，可以追溯到原始社会的图腾崇拜，最早的图腾符号，慢慢成了部落的名字，如有巢氏、燧人氏，以及黄帝出身的有熊氏。

其后慢慢就变成了氏族先祖的姓，最后发展成宗族的姓，以黄帝为先祖的楚国君主，都以“熊”为姓。

中国的上古姓氏有八个，分别是姬、姚、妫、姒、姜、嬴、姞、妘。

仔细看，这八个字有个相同点，都是“女”字旁。说明什么呢？说明最早的宗族部落是由女性主导的。而“姓”这个字由“女”和“生”组成，也说明最早的姓都是跟妈的。

《说文解字》云：“姓，人所生也。占之神圣人，母感天而生子，故称天户，因生以为姓，从女生，生亦声。春秋传曰：天子因生以赐姓。”

就是说，上古时候大人物的母亲，由于上天的感动而生育子女，所以被称为天子。而天子根据出生的由来，而赐给诸侯姓氏。

黄帝就属于“感生”的大人物，具体是龙盘还是虎踞，尚不好说。黄帝的四个妻子，又为他生了二十五个儿子，大都没有跟母姓。黄帝给他们赐了十二个姓，分别是姬、酉、祁、己、滕、箴、任、荀、僖、姞、儇、衣。其中方雷氏生的青阳与彤鱼氏生的夷鼓同姓己，嫘祖生的青阳和嫫母生的苍林同姓姬。其余十一个人没有被赐姓，按照原始习惯跟着自己母亲的姓。

为什么要如此呢？那不得不提到氏。氏者，别其子孙之所自分。它与姓有相似处，皆是血缘亲属组织等，但也有区别。姓的主要功能是“别婚姻”，同姓不能通婚。氏是姓中衍生的分支，主要功能是“别贵贱”。

直到秦汉以后，姓氏合而为一。合的原因也很简单，秦灭六国，各国的所有王公贵族都统一成了庶民，不分贵贱，所以氏的存在意义就消失了。

《通志·氏族略》载：“秦灭六国，子孙皆为民庶，或以国为氏，或以姓为氏，或以氏为氏，姓氏之失，由此始……兹姓与氏浑而为一者也。”

姓的来源非常复杂，从原来的八大姓发展到今天，光单姓就有三千多个，加上复姓就更多了。

复姓的来源则更为多样，比如以官名为姓——司马、司徒、司空等；以封邑为姓——上官、令狐、钟离等；以居住地为姓——西门、东方、南宫等。还有些是少数民族归化，如慕容、单于、完颜、宇文等。

复姓常见的是两个字，但也有很复杂的，有记载的十字复姓是：伙尔川扎木苏他尔只多。还有比它长的，是来自云南昭通市巧家县彝族的一个姓氏：鲁纳娄于古母遮熟多吐母苦啊德补啊喜 。足足十七个字，属于音译。

中华民族是一个胃口极好的大融合民族，虽然经历了无数次的分崩离析和颠沛流离，但最终都能相互融合，砥砺前行。姓氏作为最古老的文明基因，记录了我们的血脉传递。

在漫长的历史里，姓氏除了融合，也形成了一些比较有趣的文化现象。大家耳熟能详的就是秦、岳两姓不能通婚，源于南宋秦桧和岳飞的故事。

还有更好玩的，在山东清河县，潘、武两姓不能通婚，竟是源自于《水浒传》里虚构出的潘金莲和武大郎的故事。

据说，这一度给潘、武两家造成了很大的困扰。最终，施耐庵的后人施胜辰，曾专门赶赴清河县代祖先向两家致歉。武植祠堂里，至今仍裱糊着他当时的诗作：

杜撰水浒施耐庵，潘武无端蒙沉冤。

施家文章施家画，贬褒迄今数百年。

武植祠里断公案，施家欠债施家还！

第 11 弹

为什么我们自称龙的传人?

中国历代皇帝，尤其是开国皇帝，基本都不是人生的，而是天生的。《说文解字》里一句“母感天而生子，故称天子”给了他们很多启发。

《旧唐书》记载，大隋开皇十八年（598 年），陕西武功县一户人家门口飞来两条龙，盘旋了三天才飞走。这期间，唐太宗李世民出生了。

《新唐书》说，李世民的父亲李渊出生的时候，紫气冲天，他身上有三个乳头，左腋下有一个龙形的紫痣。

也就是说，李渊父子，都是龙子。我们再来看两个人。

《隋书》里说得更神奇，隋文帝杨坚出生时除了必备的紫气，而且头上长了龙角，身上生了龙鳞，整张脸就是活脱脱的“龙颜”。

而抢了李唐天下的武则天动静更大，书上记载叫“龙凤金龟守护而生”，因为武则天是女的，所以除了龙，还有凤，龙凤不够，还要有玄武金龟。

我们来看这四个人的关系：

李渊是杨坚的外甥，灭了舅舅的大隋，建立了大唐。李世民是李渊的儿子，通过玄武门之变杀了哥哥，又把老子赶下位，自己当了皇帝。武则天和李世民关系复杂，既是他的妃子，又是儿媳妇，中断了李唐统治，建立了武周天下。

但从出生来看，他们都有一个共同的身份——龙子。

由此可见，龙真是一个神奇的物种，不住地生出龙子龙孙，让它们托生人类，在人间当帝王，相互争斗，破旧立新，几千年来乐此不疲。

后来，社会进步了，过去只有皇帝敢自称真龙天子，如今就连普通人，也敢自称龙的传人了。但这种说法，并不是为了和龙攀亲戚。

其实在上古时候，人类就很崇拜龙。神人圣贤还喜欢御龙飞翔，这在许多典籍文献里屡有记载。

《山海经》记载：“南方祝融，兽身人面，乘两龙。”火神祝融喜欢骑龙，还一次要骑两条。

《大戴礼记·五帝德》云：“（黄帝）乘龙扆云，以顺天地之纪。”“（颛顼）乘龙而至四海，北至于幽陵，南至于交趾，西济于流沙，东至于蟠木。”“（帝喾）春夏乘龙，秋冬乘马。”

五帝之中，黄帝、颛顼和帝喾都喜欢骑龙。

重点讲讲颛顼。他是黄帝的孙子，继承了爷爷的爱好，乘龙游四海，最北抵达幽陵，就是幽州，现在河北、辽宁一代。最南到交趾，从地理来说，差不多是今天的越南北部。交趾是什么意思呢？就是男女在一条河里洗澡，中原人大概觉得人家这样做不合礼仪，用风俗命名，讥讽人家比较荒蛮。最西边抵达流沙，大概是今天的甘肃张掖。最东边到达蟠木，而蟠木就是指扶桑，通常指日本，但也有说是墨西哥。

既然大人物爱乘龙，就有人专门养龙、御龙，相当于后来的养马、驯马，孙悟空在天宫被封弼马温，就是类似职务。

历史上记载的中华养龙第一人，是河南人刘累。据说夏王孔甲得到一雌一雄两条龙，宫内没人会养，昭告天下，寻找养龙人。刘累就去应聘，把两条龙照顾得膘肥体壮，被夏王封为“御龙氏”。天有不测风云，雌龙得病死了，刘累一不做二不休，把龙肉敬献给孔甲，自己就跑到河南隐居了。

虽然跑了，但因为他养过龙，商周两朝都很看重他的后人，封赏了很多次。武王灭商后，把刘累后代封到了唐地，也是后来李渊的封地。后来称王又把他们封到杜，就是西安市长安县一代。后来部分刘累后人就以杜为姓，成为历史上大名鼎鼎的“城南杜氏”，只在唐朝，就出了八个宰相。

书归正传，在道教，龙与白虎、朱雀、玄武合称为“四灵”。而龙的种类，除了我们熟知的“四海龙王”，还有以天地万物为区分的五十四种龙王。

至于龙的起源，说法众多。

早期社会生产力低下，人们在严酷的自然环境里生存，对自然界充满幻想、憧憬乃至畏惧，崇拜各种比人类更强大的自然或超自然力量，这是龙作为一种图腾产生的社会基础。

而龙图腾形成的时间，可以上溯到上古伏羲时代。

史书记载，华夏始祖伏羲曾在黄河目睹一只龙首马身的异兽，有所感悟，发明了八卦，并且从此以龙作为部落标记，并用龙给百官命名，号称龙师。

近代还有一种说法，认为龙的形象起源于黄帝的“釜山合符”。

黄帝在打败炎帝和蚩尤后，巡阅四方，召集天下各部族，在釜山共襄盛举。为了表示对各部族的尊重，他从各部族原来的图腾身上各取了一部分元素，如鹿角、骆驼头、鹰爪、蟒蛇身等等，再组合起来，于是就创造出了新的图腾形象——龙。新图腾的确立，不仅统一了调兵印符，而且象征了华夏民族的诞生。从此，中原大地上各个部族有了共同的龙图腾，都自称“龙的传人”。

在这个普遍信仰的基础上，历朝历代的大小皇帝才热衷把自己和龙的关系拉得更近一些，自称为真龙天子，比普遍的龙的传人自然要高贵不少。

第 12 弹

上古的神仙为什么都长得丑?

不管你见没见过神仙，反正我没见过。历史上自称见过神仙的人不少，但空口白牙，没有凭据，就跟现代有些人说自己被外星人请上飞碟喝茶一样，姑且言之，姑且听之。

关于神仙的成语很多，惊若天人、美若天仙、飘飘欲仙、仙姿玉貌等等。不知道为什么，在大家印象里，神仙长得都好看。

《西游记》里描写二郎神是“仪容清俊貌堂堂，两耳垂肩目有光”，描写观音菩萨是“眉如小月，眼似双星。五面天生喜，朱唇一点红”。男帅女靓，相貌非凡。

可是在上古典籍的记载里，神仙并不好看，甚至说长相非常丑。更接近于我们印象中的妖怪，还不是像杏仙、玉面狐狸、玉兔精那种好看的妖怪，而是像黑熊怪那种百拙千丑的。

我们先从众女仙之首西王母说起。

《山海经·大荒西经》这样记载：“有人戴胜，虎齿，有豹尾，穴处，名曰西王母。”

作为女仙之首的西王母，头上长了一撮毛，青面獠牙，屁股上长了一条豹尾，住在山洞里……哇！是不是很颠覆你的审美。

那众女仙长得什么样子，大家可以想一想。

如果说我们熟悉的女娲娘娘是人首蛇身的美女蛇，尚可接受；那么给黄帝带来天兵符的九天玄女，竟是鸟头人身，几乎突破了我们的审美底线。

女仙都这样了，男神自然也好不到哪里。

《路史 · 中三皇纪》记载，三皇五帝的天皇是“骧首鳞身，碧卢秃楬，首出庶物”；“地皇十一君，皆女面，龙颡，马踶……蛇身”。

就是说天皇长着马的头，蛇的身体，全身还覆盖着鳞片，基本快长成龙的样子了。地皇氏兄弟十一个，都为女相，有巨大的额头，马蹄子，身体也是蛇。

人皇的相貌有两种说法。

《拾遗记 · 春皇庖牺》曰：“昔者人皇蛇身九首。”大意就是人皇不是人，而是一只九头蛇。

《路史 · 中三皇纪》引《洛书》曰：“人皇，九男相像，其身九章。”这么说人皇是九个人，从我们的理解上，可以说人皇传承了九代，这似乎就说得通了。

《路史 · 中三皇纪》又曰：“三皇皆虵（蛇）身。”这么说来，上古天地人三皇都是蛇的身体。再加上伏羲、女娲两大人祖，都是人头蛇神。

上古大巫方相氏，也许大家不熟悉，但南方地区有傩戏，戴着面具唱戏，方相就是面具的始祖，戴着面具做法事，祭奠神灵，驱疫避邪。《周礼 · 夏官司马》记载：“（方相氏）蒙熊皮，黄金四目，玄衣朱裳，执戈扬盾，帅百隶而时难（傩），以索室驱疫。”也就是说他相貌极其可怖，长了四只眼睛，工作就是驱鬼，后被民间奉为专门驱鬼镇邪的大神。我们可不可以理解为，他相貌太丑，连鬼都害怕？

其实上古神仙长这么丑是有原因的，在那时没有如今这么便捷的手段来记忆或者宣传，更没有社交媒体做网红。所有的传播隔山越水，信息缺失度极大，于是，在信息传递过程中，人们认为具备与众不同能力的人，一定有与众不同的长相，这就是所谓“奇人生奇相，奇相有奇命”。武侠小说里经常说哪个孩子“骨骼清奇”，说的就是他长相和身材独特。

另外，上古部落之间经常发生灭绝争斗，把自己打扮成猛兽恶鬼的形态，有助于在战斗中给对方心理压力。非洲原始部落和亚马孙丛林部族，到现在也有这样的习惯。同时，部落里的人为了长自己志气，灭他人威风，会夸大宣传自己部落首领的能力和长相。哪怕上古三皇从科学角度上来说，和现代人类在基因上没有任何区别，但在宣传口径上还是要说得越恐怖越吓人越好。一直到了尧舜禹的半信史时代，还传说舜是双瞳。

中华文明虽然源远流长，但传承有序，文明中存留了很多上古的记忆，所以文人墨客编写故事时，在记忆的基础上争先恐后发挥自己的想象力，于是那些本来就奇怪的长相就越来越离谱。

文明发展越靠近信史，长相就越正常。到大禹之后，几乎已经不再有怪异的大人物了。后来的王侯将相，都越长越好，基本上都相貌堂堂，方脸大耳，贵气无比。

到了如今，一个看颜值的时代，漂亮的人都有更多的竞争机会，无论是找工作还是找对象都有先天优势，甚至光直播拍脸就能赢得众多赞赏。

但是长相并不是一成不变的，有一句话说得好：“三十岁之前的长相，父母负责；三十岁以后的长相，自己负责。”什么意思呢？就是说，人总是会老的，年轻的时候，长相可以作为资本，但到了一定年纪后，白发渐生，皮肤渐皱，如果学识和智慧跟不上，你的光芒就会褪去。所谓“腹有诗书气自华”，就是这个道理。

“最是人间留不住，朱颜辞镜花辞树。”每个人都无法修炼自己的长相，却可以修炼自己的灵魂，所谓心灵美，才是真正的大美。

第 13 弹

漫天神佛，究竟谁大谁小?

在《西游记》里，孙悟空喊玉皇大帝为玉帝老儿。孙悟空大闹天宫，天兵天将打不过，玉帝大喝一声：“快去请如来佛祖。”而作为道祖的太上老君见了玉帝要参拜，而且经常要给玉帝、王母炼丹当贺礼。

那么，玉皇大帝和太上老君，究竟谁大谁小？一下子还真的不太好说。

要想搞清楚他们的大小，我们首先得解决同一体系内部的居住地问题，也就是在神仙体系中，太上老君和玉皇大帝哪个更大？

我们熟悉的至高神是玉帝，玉帝掌管着天庭，但玉帝住在天庭之上，九霄云外。玉皇大帝居住在太上弥罗无上天，妙有玄真境。按古人看法，这太是至大之称，上为尊崇之号。弥罗宫也在诸天之上，故称无上天。

那太上老君又居住在哪里呢？

元曲有“三十三天，离恨天最高。四百四病，相思病最苦”，三十三天上是离恨天，太上老君就居住在离恨天兜率宫中。

一个叫无上天，一个是最高天，无上就是最高，最高也是无上，也就是说，从居住楼层来看，太上老君和玉皇大帝是不分上下的。

道教传统的神灵排序是三清四御。三清是三位至高神，玉清元始天尊，上清灵宝天尊和太清道德天尊，道德天尊就是太上老君，也就是写《道德经》的老子，他属于大道的显化，代表了人类的至高智慧。

四御，是道教里辅佐玉皇的四位大神，分别是北极紫微大帝、南极长生大帝、勾陈上宫天皇大帝、承天效法后土皇地祇。

玉帝则居于三清四御之间，掌管三十六天，七十二地，神、仙、佛、圣、人间、地府一切实务，实权巨大。但太上老君是这一切的精神领袖，如果说玉帝是替天行道，太上老君本身代表了天道。

太上老君是宇宙万物、规则、虚无的创造者；玉皇大帝是宇宙万物的管理者。两者虽然地位都很高，但在境界上，无疑是太上老君更高，即便是玉皇大帝，也要在太上老君设定的规则下去管理万物。就好比一个人创立一家公司，然后请了一个人来管理。

再来看看如来的级别问题，有人说玉皇大帝就是帝释天，他皈依了如来佛祖，所以他比如来佛祖低。

我们从神话的本源说起，如来佛祖本身是释迦牟尼，是释迦族的王子，他只是一个觉悟者，而非神灵。玉皇大帝则是诸天神灵的统御者。

再看《西游记》，不可否认，86版《西游记》电视剧对我们影响很大，特别是孙悟空打上凌霄宝殿，把玉皇大帝吓得钻了桌子，逼得他去请如来佛祖来帮忙。

其实，在原著中，玉皇大帝根本没有钻桌子，孙悟空更没有碰到凌霄殿的台阶，只是打到了通明殿里、凌霄殿外，玉皇大帝看妖猴气焰过于嚣张，公事公办，让西方佛老救驾而已。

原文是这么写的：

（玉帝）遂传旨着游弈灵官同翊圣真君上西方请佛老降伏。

> 那二圣得了旨，径到灵山胜境，雷音宝刹之前，对四金刚、八菩萨礼毕，即烦转达。众神随至宝莲台下启知，如来召请。二圣礼佛三匝，侍立台下。如来问：玉帝何事，烦二圣下凡？……（佛祖）即对众菩萨道："汝等在此稳坐法庭，休得乱了禅位，待我炼魔救驾去来。"

原著中用了"救驾"二字，可见玉帝是佛祖的上级。但这只是从道统的角度去说。

如果结合之前如来尊称玉帝为大天尊来看，说如来是天庭的朝臣也不准确。西天和天庭更像两个集团，各自地盘不同，所担的责任也不一样。西天应该更像天庭的藩属国，而如来和玉帝，是藩王与皇帝的关系。如果如来是天尊，那么，统治众多藩属国的玉帝，自然就是大天尊。

当然了，这些看似烦琐的神仙体系，也是由人一步步完善的。从上古神话，到黄帝一脉，再结合历朝历代所遵奉的不同体系，最终发展到明清才形成我们今天看到的一套完整的神话体系。人类怎么会知道天上的事？无非是拿人间的体系去套用而已。

第 14 弹

玉帝和王母：乱点的鸳鸯谱

书接上回，既然天庭的体系是人按照人间的政权体系构建出来的，那人间有的天庭自然就不会缺。人间的皇帝有皇后，那天上的天帝也应该有天后。

我们还从大家熟悉的《西游记》说起，不论在原著里，还是在电视剧里，玉皇大帝和王母娘娘都似乎是一对夫妻。这样的说法其实并不只在《西游记》里，大多数民间传说都差不多是这样，似乎这件事就这么给定了。

那玉皇大帝的夫人真的是王母娘娘吗？我们先查一下户口。

玉皇大帝全称昊天金阙无上至尊自然妙有弥罗至真玉皇上帝，又称“昊天金阙玉皇玄穹高上帝”“玉皇大天尊”“昊天通明殿玉皇大帝”“玄穹高上帝”。尊号虽然多，但“玉皇大帝”的叫法在历史上出现却比较晚。

之前的天帝名号常为昊天上帝，或者东皇太一。直到北宋时，宋真宗为道教高上玉帝加尊号曰“太上开天执符御历含真体道昊天玉皇上帝”，此后道教承袭此名，才形成了今日的玉皇信仰。

王母娘娘早称西王母，在神仙体系中，西王母是所有女仙及天地间一切阴气的首领，她原是掌管灾疫和刑罚的上古女神，现在是掌管长生不老的女神。

西王母早期的形象并不是母仪天下，《山海经·西次三经》中西王母的形象是："西王母其状如人，豹尾虎齿而善啸，蓬发戴胜，是司天之厉及五残。"西王母长得类似人类，但是有豹的尾巴，虎的牙齿，还擅长吼叫，头发是披散下来的。于是，有好事者说，西王母其实就是古埃及的狮身人面像。

《穆天子传》记载，周朝的天子周穆王巡游四方时，曾见过西王母。当时两人还一见倾心，临别之际，西王母说："白云在天，丘陵自出。道里悠远，山川间之，将子无死，尚能复来？"意思就是说："我们相隔这么远，你还会再来吗？"

周穆王答道："予归东土，和治诸夏。万民平均，吾顾见汝。比及三年，将复而野。"翻译成白话就是："等我回到东土，将国家治理好了，就再来见你，三年为期。"

痴心女子负心汉，古今中外皆是如此。说难听点儿就是，男人靠得住，母猪能上树。不出所料，周穆王走了以后，再也没有回来，西王母等不到情郎，难耐相思，决定主动出击去找他。与《穆天子传》同时出土的《竹书纪年》中记载了这一段："穆王十七年，王西征，至昆仑丘，见西王母。其年来见，宾于昭宫。"

至于这对痴男怨女相见之后，说了什么，做了什么，史书上也没有记载。我们可以合理想象如下：

周穆王："你怎么来了？"

西王母："怎么？我不能来吗？"

周穆王："对不起，我辜负了我们之间的感情。"

西王母："没什么对得起对不起的，感情的事，是不能强求的。"

周穆王："你听我解释……"

西王母："我来只想问一句话……"

周穆王："爱过！"

总之，周穆王跟西王母最后肯定没走在一起，毕竟天人相隔，人仙之间的感情从来没有过美满结局。

那王母后来怎么又跟玉帝在一起了？从道法来说，世界上有阳就有阴，有乾就有坤，天行健，地势坤，各有其用。玉皇大帝象征了阳刚无上的天威，如同父权，那王母娘娘就代表了厚重温和的地德，如同母性，一父一母，自然就会被民间理解成夫妻。

实际上，玉皇作为神格最高的"老天爷"，是不可能有相称的女神仙与之相配的。何况，西王母只是民间记载的一个神仙，两者门不当户不对，绝不可能是夫妻。

但神话传说有多个体系，在不同的体系里，关公战秦琼，玉帝配王母也并不是不可能。在佛教体系里，如果玉皇大帝是帝释天，那么帝释天只是一个天人，以这个身份配西王母是比较合适的。

那么西王母究竟有没有老公呢？

明代王世贞撰《有象列仙全传》记载："西王母……以西华至妙之气化而生于伊川……配位西方，与东王公共理二气调成天地，陶钧万品。凡上天下地女子之登仙得道者，咸所隶焉。"

作为汇集西华奇妙真气、降诞于神州伊川的道教崇高女神，西王母是先居西方，德配坤元，主掌阴灵真气，是洞阴至尊。而她的形象也成了人可以接受的王后形象，面容尊贵，仪态高雅。

如此神化后的西王母，的确有配对老公。古代玄学家根据阴阳五行学说给西王母找了东王公作为对应神灵。西对东，母对公，晚照对晴空，人间清暑殿，天上广寒宫。

再合适不过了。

第 15 弹

玉皇大帝究竟住在哪里？

中国如今虽然是无神论国家，但作为有五千年文明的古国，神灵文化流淌在每个人的血液深处，很难在一时半会儿消除。比如我们为人做事，无论善恶，总是相信“举头三尺有神明”。香港黑帮片里常有一句台词叫“人在做，天在看”，也是类似的意思。

这种说法虽然出自民间，却是有正经来处的。

在道门经典《太上感应篇》里，太上曰：“福祸无门，唯人自召；善恶之报，如影随形。”这里的太上，指的就是太上老君，是华夏最尊贵的词语。他说的话，自然不会有问题。意思大致就是说，无论你做善事还是恶事，都有天眼在盯着你，善有善报，恶有恶报。那么作为一个惩恶扬善的系统，它的运作是谁在掌控呢？老天爷！

这里的老天爷通俗来说就是指玉皇大帝。那么他究竟住在什么地方，能够对世间一切善行恶人了如指掌呢？

在我们传统的观念里，神仙住在天上云端。那假如我们可以腾云驾雾，到了天上后，是不是就能遇到神仙了呢？

在人类没有能力遨游天空时，人们都是这样想的。

可是到了今天，飞机已经成为人类的日常交通工具，早就航行在云端之上，却没有发现神仙。人类的登月车也早已登陆了月球，却没有找到嫦娥仙子。人类的探测器已经飞出了太阳系，可还是没有发现众神的踪影。

那神仙究竟在哪里？

其实，按照这样的寻找方式，哪怕我们飞出银河系，也不可能找到神仙。要解决这个问题，我们还得请猪八戒来帮忙。

在《西游记》里，唐僧师徒四人一路西行，路遇黑水河阻断，无法前进时，有这样一段对话：

> 三藏道：“你三个计较，着那个驮我过去罢。”
>
> 行者道：“八戒驮得。”
>
> 八戒道：“不好驮。若是驮着腾云，三尺也不能离地，常言道，背凡人重若丘山。若是驮着负水，转连我坠下水去了。”

意思很明白，就是说猪八戒虽然可以腾云驾雾，却无法背着肉身凡胎的唐僧飞行，因为背着凡人，比背着一座大山还重。

不仅猪八戒背不动，连神通广大的孙悟空也背不动。他们在狮驼国被妖怪抓住，当时，唐僧已经被放在蒸笼里要清蒸了，孙悟空来救师父，这么紧急的时刻，竟然没用筋斗云带师父逃走，而是让猪八戒来背着师父翻墙头，原因是什么呢？

孙悟空有解释：“若不为唐僧是个凡体，我三人不管怎的，也驾云弄风走了。只为唐僧未超三界外，见在五行中，一身都是父母浊骨，所以不得升驾，难逃。”

八戒也很明白这个道理，所以才会说：“哥哥，不消商量，我们到那没梆铃不防卫处，撮着师父爬过墙去罢。”

这些不起眼的细节出现在书里绝不是闲话，而是在说明神仙世界的根本设定。哪怕是大闹天宫的齐天大圣孙悟空，管理天河水兵的天蓬元帅猪八戒，他们可以腾云驾雾，可以翻江倒海，但在凡人的世界里，还是要按凡人世界的设定来行事。该翻墙头的时候，必须翻墙头才能解决。

这也可以解释小朋友看电视时的疑问，为什么孙悟空一个筋斗云十万八千里，还非要跟着唐僧步行到西天，而不是一个筋斗带过去。不是不想为，是不可为也。

神仙世界和凡人世界在根本设定上就完全不同。吕祖洞宾曾经说过一句话：“一粒粟中藏世界，半升铛内煮山川。”也就是说，整个世界可以藏在一粒米中，半升大小的锅就可以煮日月山川。

理解了这句话，我们就能理解神仙世界。神仙的世界可大可小，可隐可现，大至无边，小至无极，隐则虚空，现则显圣。但在哪里显圣，以什么方式显圣，都受限于人类世界，毕竟显圣是为了给凡人看的。

而对人类来说，真实存在的唯有我们自己的世界，我们看到的天，并非神仙的天，我们脚踏的地，也不是神仙的地，我们的时间，也不是神仙的时间。用现在流行的说法，叫多维宇宙。人，作为三维世界的生物想破脑袋都不可能想到更多维度的生活应该是怎么样的，所以无论想象天堂还是地狱，都看上去特别单调而单薄。

所以想知道玉皇大帝居住在什么地方，只能通过哲学玄思来探寻。三十三重天就是中国神话里玄学世界的架构，而玉皇大帝作为天地万物的主宰，就居住在三十三天之上的太上弥罗无上天，妙有玄真境。那里有一个宫殿，叫太微玉清宫，它远在天边，近在眼前，大如山脉，小如芥子，遥不可及，又触手可及。

我们对神灵的敬畏，是我们作为万物之灵，对生我养我的自然的敬畏，是我们对自我内心的敬畏，对人类文明的敬畏。我们相信，人之所以为人，是因为我们在文明规则之下，对自我的认定，而神，是我们内心划定的那条任何情况下都不能突破的金线。

作为人，我们平凡地生活着，他在我们举头三尺之处；我们乘坐飞机，他在我们举头三尺之处；我们登陆月球，他在我们举头三尺之处。

哪怕有朝一日，我们奔赴星辰大海，他依然在我们举头三尺之处。

第 16 弹

向西行，老子究竟去了哪儿?

老子是中国道家学说的创始人，更是被后世神化，成为道教三清之一的太清太上老君。在先秦之后的神话体系里，莫不以老子为尊，包括统御诸天的玉皇大帝都屈居老子之下。

老子原名李耳，春秋晚期楚国人，曾担任周朝图书馆长。他之所以有这么崇高的地位，绝大部分功劳都源于《老子》一书。传说，老子骑牛西出函谷关时，因为函谷关关令尹喜的挽留，写下了《老子》五千言，史称《道德经》。此书与《易经》和孔子的《论语》，被认为是对中国人影响最大的三部书。

古代伟大的思想家，都有一个习惯——述而不作，孔子如此，佛祖释迦牟尼也是如此。老子本该也是此类人，但是一个偶然事件，改变了这一切。

《列仙传》记载："老子……时为周柱下史……转为守藏史……后周德衰，乃乘青牛车去，入大秦。过西关，关令尹喜待而迎之，知真人也，乃强使著书，作《道德经》上下二卷。"

老子看不惯周朝的衰败，就辞职去云游四海，经过函谷关时，碰见了一个有权力的粉丝——关令尹喜。尹喜觉得老子是大圣人，强行把老子留下来，让他著书。他们之间的对话大约是这样的：

老子：“尹喜大人，为何无缘无故不让我出关呢？”

尹喜：“老先生，您这样的人物，是我国的国宝，我要放您出去，就是我们周王朝的重大损失啊。”

老子：“大人言重了，我就是一个图书管理员，如今年老力衰，竹简搬不动了，老眼昏花，文字也看不见了，这才想趁着还能动，到处走走，看看祖国的大好河山。”

尹喜：“老先生啊，您要走，我也拦不住，但您总得留下点儿什么，否则上边责怪下来，我小命就没了。”

老子：“我身无长物，能留什么呢？”

尹喜：“那不如就写本书吧。”

老子：“写书啊？大人你还是杀了我吧。”

一来二往，三番五次，尹喜日日上门，老子烦不胜烦，终有一日，他对尹喜说：“既然你要我写，你总得出个题目吧？”

尹喜是个粗人，他想来想去，想不出什么题目。他猛一抬头，看见通往关外的大道，就对老子说：“先生，您不是要出关吗？那不如写写这出关的大道吧。”

老子：“道可道，非常道……”

于是，五千言的《道德经》一气呵成。

《道德经》对中国哲学思想文化体系的形成具有非常深远的意义，儒家创始人孔子向老子讨教问题，以他为师。“仲尼至周见老子，知其圣人，乃师之”，并喟叹“吾今见老子，其犹龙耶”。也因为此书的巨大影响力，老子才变成了神话中的太上老君。

作为在历史上存在过的真实人物，他的前半生经历都有相对准确的记录，但是西出函谷关后去了哪里？众说纷纭。

《史记·老子韩非列传》说他西出函谷关后，“莫知其所终”。就是说没人知道去了哪儿。

《后汉书·襄楷传》记载，东汉方士襄楷上书皇帝说：“或言老子入夷狄为浮屠。”受佛教影响，有人提出了“老子化胡说”，说他出关后到了西域，又到了印度，变为佛陀，教化胡人。

《西游记》里，太上老君也自已说：“当年过函关，化胡为佛……”

近几年，有一批德国道士宣传老子西出函谷关之后到了德国，德国的哲学辩证思想之所以这么发达，是因为德国哲学直接传承于老子。所以，德国才是道教祖庭。

还有说法，是老子骑牛过秦岭去了四川。

在众多说法里，比较靠谱的是，在陕西省周至县的老子讲经处楼观台，向西约三公里的西楼观附近有个老子墓，当地人传说，这就是老子尸骸所在。周至县旁边有当年老子乘凉的清凉山，有老子讲经的楼观台，或许这里真是老子的最终归宿。

我们试想一下，先秦时期没有高铁没有飞机，一个老人骑着青牛翻越“难于上青天”的蜀道去四川的概率就非常小了，遑论西域和印度，至于他骑牛去德意志，在战国时期，我想跟上月球的难度差不多。

既然有老子墓，可为什么人还是要相信他不知所终，大概是后人希望老子这样的圣人有更好的去处、有更神秘的故事、有更玄奇的经历，而不是像我们普通人一样衰老而死。如同我们要把李白酒醉坠河之死，说成诗仙骑鲸而去。

这些都不重要，死亡并不代表一个人的终结，李白逝去千年以后，我们还在念诵他的诗句。而老子的思想，早已走出了中国，传遍了全世界，有文明之处，皆有“道可道，非常道”。

所以，你若问我，老子西出函谷后究竟去了哪里？我会答你：他去了全世界。

第 17 弹

东皇太一：这尊太阳神不见了

生活就像一口深井，我们坐在井底仰望天空，并不知天地之大。有时候，我们面对头顶的那片天空，也会生出一种恍惚，这究竟是不是一个真实的世界？

上面这段感慨，是我在玩手游《王者荣耀》时，眼睛忽然发晕，有了古代圣贤打坐良久才有的感悟。不为其他，只因我看见了东皇太一。

我猛然意识到，这位游戏里的回血流英雄，竟然就是屈原《九歌》里写的东皇太一大神。作为楚国的至高神，到如今要靠手游才能被人记起，让人不胜唏嘘。

屈原在《九歌》里写道：“吉日兮辰良，穆将愉兮上皇；抚长剑兮玉珥，璆锵鸣兮琳琅……”什么意思呢？就是良辰吉日，祭祀神灵，红旗招展，锣鼓喧天，鞭炮齐鸣，总之场面非常热闹。

祭祀的神灵“上皇”，就是指东皇太一。他是中国古代最厉害的神仙，因为他是太阳神，等同于希腊神话中的阿波罗，罗马神话中的索尔，日本神话中的天照大神。比后三位更厉害的是，东皇太一在某种程度上还承担了创世神的责任，扮演了盘古的身份。

太一，原为泰一，《史记·秦始皇本纪》说：“古有天皇，有地皇，有泰皇，泰皇最贵。”《史记三家注》说：“泰一，天帝之别名也……泰一，天神之最尊贵者也。”

不管怎么样吧，总之“东皇太一”是上古最为尊贵的神灵。

这么厉害的神灵，怎么就突然消失了呢？

其实不只是他，翻看古书会发现，我们跟很多神灵都不太熟。比如春神句芒、夏神祝融、秋神蓐收、冬神禺疆……名字佶屈聱牙，念出来都难。

难道真如克苏鲁神话所说，古神都被旧日支配者赶走了？其实并非如此。

现代中国是一个多民族融合产生的国家，在先秦时期，大一统局面还尚未形成，不同的地域有不同的文化，也有不同的神灵。秦国统一之后，政治的大一统，使得文化开始合流，各种信仰有机交融在一起。

国家可以被灭亡，但文化不会被简单斩断，楚国虽然被吞并，但强大的楚文化时至今日也并未消亡。

东皇太一也随着楚文化，融入了华夏文明的血脉。直到汉代，太一神成为华夏国家主神，代表天帝。汉朝的开国皇帝刘邦为楚人，所以汉朝也继承了楚国的神灵。而朝廷对太一神的祭祀，是从汉武帝开始的。

据资料记载，汉武帝于正月上辛夜，在甘泉宫祭祀“太一”的活动，被后人视作正月十五祭祀天神的先声，也就是上元节的根本来源。

汉代后，太一神不再是国家至高神，但关于它的记忆，却镌刻在中华大地上。

在汉朝的首都长安，有一座名山叫终南山，而终南山又名太乙山，山上有宫，名太乙宫。太乙宫是汉唐时期达官贵族避暑歌吟的雅境，唐代大诗人王维曾写过：

太乙近天都，连山到海隅。
白云回望合，青霭入看无。
分野中峰变，阴晴众壑殊。
欲投人处宿，隔水问樵夫。

而太一与太乙的关系，李光信先生在《九歌东皇太一篇题初探》里认为："东皇太一，其始就是卜辞中的太乙，即商人的祖先成汤。"东皇太一来源于商代对商汤的祭祀，以至于变为楚国的至高神。

厘清了这个关系，我们突然发现太一并未消失，而是重新化为太乙，归于民间。在民间故事哪吒闹海里，哪吒的师父就是太乙真人。

有一种说法，太乙真人又叫太乙救苦天尊，别称东极青华大帝，居住在东方青华长乐世界。东方属木，为青，蕴含生之气，所以他是救苦救难的神仙。

但也有人反驳说，太乙真人和太乙救苦天尊根本不是一尊神。

神仙的事情，毕竟不是科学家负责，人类就算再怎么努力也不可能辨清。

从商汤太乙到东皇太一，从东皇太一到太一神，从太一神到太乙神，从太乙神到太乙救苦天尊，从太乙救苦天尊到太乙真人，以至于在《王者荣耀》中，东皇太一和太乙真人是不同的两个角色。

这就是历史的好玩之处，也是人类文明的有趣之处。至于真相，从来没人见过。

第 18 弹

为什么是八仙过海，不是九仙？

中国人喜欢造神是公认的，几千年下来，累积造出的神仙，没有一万，也有八千。

这里面有从上古文明传承下来的神，有在文明扩张过程中吸纳包容的神，有在文明进程中根据需求现造的神，还有民间对人物崇拜造就的神……总之，劳作休息，播种收割，婚丧嫁娶，衣食住行，吃喝拉撒，大大小小的各类神仙，几乎无处不在。

在这些众多的神仙里，最常挂在老百姓嘴边的，莫过于八仙。

八仙在历朝历代有很多个版本，直到明代吴元泰的小说《东游记》问世，八仙的人物才算定下来，此后皆以此为准，直到现在。

这八位包括：济世救人铁拐李，正阳祖师汉钟离，炼丹大师张果老，纯阳祖师吕洞宾，荷花女仙何仙姑，踏歌饮酒蓝采和，洞箫书生韩湘子，富贵闲人曹国舅。他们大概是最具红尘气息的神仙，街头酒肆，田间巷里，到处都有他们的传说，特别具有人情味儿。

那八仙究竟是怎么来的？

八仙早在先秦时期就出现了，《史记·封禅书》云："始皇遂东游海上，行礼祠名山大川及八神……八神将自古而有之，或曰太公以来作之……一曰天主……二曰地主……三曰兵主……四曰阴主……五曰阳主……六曰月主……七曰日主……八曰四时主……”这里“太公”指的就是姜太公吕尚。

秦始皇对天、地、兵、日、月、阴、阳、四时八位神仙进行祭祀，可以看作八仙文化的起源，对后世的影响非常巨大，包括汉代的八公概念也源于此。

《神仙传》《录异记》等书籍记载，有八位追随淮南王刘安的人得道成仙，号称“八公”。淮南王是位道家王爷，他最出名的炼丹术，应该就是发明了普惠后世的豆腐，追随他进行学术研究的粉丝随着他鸡犬升天，也顺理成章。

魏晋以后，八仙的故事人物也越来越多，东晋谯秀的《蜀记》中就记载有“蜀八仙”，分别是：容成公、李耳、董仲舒、张道陵、严君平、李八百、范长生、尔朱先生。

这里的李耳便是太上老君，张道陵是正一道天师，董仲舒就是罢黜百家独尊儒术的董仲舒。一代大儒，反而成了八仙之一，这是什么道理？

杜甫的《饮中八仙歌》也把李白、贺知章、李适之、李琎、崔宗之、苏晋、张旭、焦遂八人称为“醉八仙”。

隋唐之后，志怪笔记开始流行，又出现了“上八仙”和“下八仙”的传说。上八仙是福、禄、寿三星，以及张仙、东方朔、陈抟、彭祖、骊山老母。下八仙是广成子、鬼谷子、孙膑、刘海、和合二仙、李八百、麻姑。当然，这就如同现在的玄幻小说一样，不同的人群打造属于自己的大 IP（知识产权）。

直到《东游记》蹭《西游记》的热度出炉后，造成广泛影响，这才算把八个人彻底定下来。

吕洞宾是八仙中的颜值担当，妥妥的偶像派，名气也最大，他对应男性。何仙姑是八仙中唯一的女神，由吕洞宾度化成仙，她对应女性。

张果老是八仙中最年迈的，原来就是个水果贩子，倒骑驴的原因是因别人追赶，一着急骑倒了。他传达的寓意是人不能只顾着往前赶，也得朝后看看，总结经验和教训，所以对应老。而蓝采和玩世不恭，也是快板书的鼻祖，年少轻狂，所以对应少。

韩湘子是唐代著名文学家韩愈的侄孙，家庭条件好，对应富裕。汉钟离，名叫钟离权，一身邋遢，梳两个抓鬏儿似童子，看淡了人间财富，对应贫苦。

曹国舅是宋仁宗的曹皇后的弟弟、皇帝的大舅哥，身份尊贵，对应贵人。铁拐李，名叫李玄，本相也很帅，可后来由于肉身被烧，只得借一跛丐的肉身复活，成了个要饭的叫花子。铁拐李是八仙之首，受太上老君度化，功力最强，他对应贱民。

所以八仙对应世间所有种类的人：男女，老少，贫富，贵贱。寓意非常明显，任何人皆可成仙，与佛陀所说的众生皆可成佛异曲同工。正是因为如此，所以八仙身上具有凡人的所有特征，也深得老百姓喜爱。

明代著名文人王世贞曾在《题八仙像后》写道："以是八公者，老则张，少则蓝、韩，将则钟离，书生则吕，贵则曹，病则李，妇女则何，为各据一端，做滑稽观耶？"

也就是说，在八仙这场戏剧中，男、女、老、少、富、贵、贫、贱集中在一个舞台上演出，极大增强了戏剧的冲突和张力，老百姓喜闻乐见，完全剥夺了其他几种八仙搭配的存在空间。

第 19 弹

观自在的前世今生

我们佩戴玉饰时，都会遵循一句老话——“男戴观音女戴佛”，为什么呢？

大约是觉得男人火气大，观音在汉传佛教里多是阴柔的女性形象，阴阳可以互补。反之，女性为人处世容易斤斤计较，需佩戴大肚能容天下事的弥勒佛。

佛我们暂且不说，今天主要聊聊观音。

观音，全称是观世音菩萨，也叫观自在菩萨。这些名字其实是一回事，都是由同一梵语传译过来的，观世音是鸠摩罗什的译法，而观自在是玄奘法师的译法。我们大多数人都用前一种，简称为观音。

在我们大多数人的印象里，观音一袭白衣，手持羊脂玉净瓶，慈眉善目，清新婉约，绝对是一位让人生不起丝毫邪念的大美女。其实这都是电视剧《西游记》给我们种下的种子。在民间，白衣观音只是其中一种，除此之外，还有杨柳观音、龙头观音、施药观音、水月观音、送子观音……共三十三种，称为“三十三观音”。虽然数量众多，但绝大多数都是女身。这大概是因为菩萨的慈悲，与女性所传递出来的母爱和仁慈具有很多相似性。父严母慈，大慈大悲的菩萨以女性形象出现，自然更容易激起人内心的认同感。

但事实上，女性在佛教里的地位不高，早期佛教不仅严禁女性入教，甚至将妇女与禽兽、魔鬼相提并论，认为三者都是佛徒修行学道的大敌和破坏者。所以原教旨佛教，是绝不可能有女性菩萨的。

在敦煌经洞文物中，有早期的观世音画像，相貌充满胡风，卷曲的头发胡子，戴着男式耳环，体态丰盈，脸宽而眼斜。这种风格至今还能在藏传佛教画像里看到。

当然，也不是绝对禁止女性入教，女性如果想成佛，必须变身为男性。在佛经《妙法莲华经》中有过这样的记载：

> 其时，舍利弗告诉龙女云："女身垢秽，非是法器，云何能得无上菩提？"龙女即以其身之宝珠献佛，而后问舍利弗及智积云："我以此珠献佛，佛纳此珠疾否？"智积、舍利弗咸言甚疾。龙女又言："我之成佛尚疾于此。"其时会中大众，皆见龙女忽然之间变成男子……

简单来说，就是女性的身体污秽，无法成佛。龙女只好把宝珠送给佛陀，她被佛陀变成男人后，才能够成佛。

而且慈眉善目也不是观音的常态，在藏传佛教中还有马头观音的形象。马头观音顾名思义，人身马头，相貌凶恶，藏传佛教认为此是观音菩萨的愤怒形象，能救畜生道众生，降服魔障。

根据学者考证，这种宛如恶魔的威猛马头观音，很可能是早期观音的形象。那时候的观音形象可能连人都不是，而是马。这和印度教本身崇拜的双马童神极其相似，到了后期才演变为威猛丈夫形象。

所以在藏传佛教那里，观世音菩萨不可能是女身。佛教经典《华严经》也有明确说辞：“勇猛丈夫观自在，为利众生住此山。”

但随着佛教传入东土，特别是和中国本土的道教结合之后，民间关于观世音的性别就有了很多新的诠释。

女性观音在南北朝时期才出现。等到了唐朝，尤其是武则天时期，她需要一个女性观音为自己的政治抱负站台，于是女性观音应运而出。

《新唐书·方技传》记载，当武则天还在襁褓中时，著名相士袁天罡见到她的母亲杨氏，吃惊地说：“夫人法生贵子！”保姆抱出穿着男装的武则天，袁天罡一看，大为震惊，说：“龙瞳凤颈，极贵验也！”但又遗憾地说可惜是个男孩儿，“若为女，当作天子！”

李唐尊老子李耳为先祖，把道教作为“国教”。武则天登基后，清除李唐子弟，自然不能再尊崇李家本教，佛教也就适时迎合，帮助武则天大造舆论。

《旧唐书·薛怀义传》云：“怀义与法明等造《大云经》，陈符命，言则天是弥勒下生。”

薛怀义就是野史上记载的武则天男宠，他是陕西西安户县人，长得帅，体格好，能说会道，由武则天的女儿千金公主举荐给武则天当生活秘书。后来剃度为僧人，深得武则天喜爱。薛怀义投桃报李，造了《大云经》，说武则天是弥勒降生。

在《大云经》里，佛祖对净光天女说：“舍是天形，即以女身，当王国土，得转轮圣王所统领处四分之一。”

意思就是，你要分割转轮圣王统领疆土的四分之一。转轮圣王是谁呢？是观世音菩萨的父亲。

有了舆论造势，方士们开始轰轰烈烈大造女性观音像、佛像。老百姓拜神磕头求的是心安，管他男的女的，能求财能求子就是好的。

民间一旦认可，马上就有文人开始编故事了。说观世音菩萨生前不是王子，而是楚庄王的第三个女儿，名曰妙善；她也不是凡人，是仙界凌虚仙子下凡，下凡后的仙子历经磨难，终成道果，号观世音菩萨……前身今生写定，自此以后，在许多民间戏剧和故事里，观音成了不折不扣的女神。

至此，观音已经脱离印度文化影响，成了标准的中国本土化信仰。后来再经《封神演义》等小说演绎，观音不仅是楚庄王的女儿，还是十二金仙中的慈航道人，接受道教的香火供奉。

都说中国“男尊女卑”，歧视女性，但从神仙来看还真不是。观音之所以能化男为女，非常重要的一点是，自古以来我们对女性神仙从不排斥。在我们的神话中，除了熟知的女娲和王母，还有后土、斗姆元君、元君、仙姑、玉女、麻姑、天妃、天女、玄女、无极女仙、那延溪女、紫姑、湘妃、洛神、巫女、电母、青娥、素女、织女等等，都享受着老百姓的叩拜和香火，从未断绝。

第 20 弹

你的姻缘月老管不管?

每个女孩子心里都有个白马王子，希望自己有份好的姻缘，于是有些人就愿意到道观里祈求自己有美好的姻缘。那么庇护姻缘的神仙是谁呢？很多人自然而然想到的就是月下老人。人人都知道，月老是牵红线的。

月老的故事，最早出现在唐代李复言的《续玄怪录·定婚店》，故事大概是这样的。

长安杜陵人韦固，打小就是孤儿，想早点儿娶个媳妇，传宗接代。但事与愿违，他越想娶，越娶不到，心急如焚，但也无可奈何。

元和二年，他出门旅行，在宋城（今河南商丘）遇到一个老人在借着月光看书。他上前窥看，却发现饱读诗书的自己成了文盲，书里面的字一个都不认识。老人对他说，这是幽冥之书，是掌管姻缘的幽吏才能看的。韦固一听，趁势向老翁询问，自己目前看上了潘家女子，不知道能不能成。

老人说，人的姻缘早已注定，会用红线拴上，你的红线上拴的另有其人，并不是潘家女子，如今你家娘子才三岁。

韦固当然不信，结果第二天遇到老人，老人指着路边一个瞎眼婆婆背着的三岁女孩说，这就是你媳妇。韦固不信，派家奴前去刺杀这个孩子，结果没有成功。

后来韦固一直找媳妇，一直找不到，直到十四年后，才娶了王刺史家的女儿。一年后，他才发现王刺史家的女儿，便是当年那个三岁女童。

不管这个故事是唐代李复言原创，还是整理的民间传说，自此之后，大家就认为主管姻缘的就是那月下老人。发展到后来，不只月下老人，民间还有月光娘娘帮人寻找姻缘。

为什么是月下，不是日下呢？这其实也是有出处的。

《礼记》载“秋暮夕月”，在秋日之时要祭拜月神，此习俗延续后世普及民间，其时祭拜月亮的主要是女性，人们认为拜月可为女子求得好姻缘、好相貌。所以过去有男不拜月、女不祭灶之说。

中国南方还有七星娘娘信仰。当地传说，十六岁以下的孩子皆归七星娘娘保佑，待孩子满十六岁后，七星娘娘就会为孩子造册，写下孩子的相貌、脾气、性格、缘分，然后将孩子的名册交给月老，月老据此为人配对姻缘，故七星娘娘被称为情侣保护神、姻缘神。

按照道教的说法，月亮为太阴真君，为女性，为真阴，老百姓拜月保佑女性的婚姻，其实也没错。但我们仔细看细节，无论是月光娘娘还是七星娘娘，都是属于保佑神，而月下老人，却属于具体办事的神。他牵的红线，都是根据幽冥之书上的指令来执行的，就像施工员是根据设计师的蓝图来施工一样。

那么主管婚姻的是谁呢？

在中国神话系统里，主管姻缘的神仙不少，有和合二仙，有周公，甚至王母都亲自过问，可见婚姻大事之重要。

儒家就把周公作为婚姻的掌管者。文人常把夫妻之事称为行周公之礼，这是源于周统一天下后，周公亲自制定礼仪，其中最先定的是婚礼。他提倡男女婚前收整，把男女结婚系统化，分成了纳采、问名、纳吉、纳征、请期、亲迎、敦伦七个环节。

还有传说女娲娘娘造人时，每造一人就取一粒沙做计，沙砾积累成石，因此石头记录了所有人的信息，更吸收了无数日月精华，贯通三界，上有所有人的姻缘谱系，称三生石。从这个角度说，所有人世世代代的婚姻，都早在造人之时就注定了。

至于后世，更衍生了九天玄女的信仰。

《古文龙虎经注疏·卷上》注曰："玄女乃天地之精神，阴阳之灵熙。神无所不通，形无所不类。知万物之情，晓众变之状。为道教之主也。"疏曰："玄女亦上古之神仙，为众真之长。"

在道教仪轨中，九天玄女是众真之长，更是姻缘的主管神。

这么一捋，可以得出如下结论。

月老在婚姻神中的地位，类似于一线办事员，他的上面有月光娘娘和七星娘娘监督指挥，更大的领导是主管众仙的九天玄女。而究其最终，是造人的女娲娘娘造太初之时，就把所有的婚姻记录到了牵扯凡俗世界无数因果的三生石里，相当于是底层源代码。

所以，拜神求仙，要找对门路，办事员做不了主，小领导也无法过问，就算你求到最大的领导，也得按规章制度办事，三生石就是婚姻的基本大法。

第 21 弹

你拜的是瘟神还是财神?

君子爱财，取之有道。但如何取之有道呢？民间认为，在各种生财秘籍之外，拜财神是必不可少的环节。但在机构臃肿的神仙体系里，财神也不是独一的。

从商朝的比干到春秋的范蠡，从三国的关羽到明朝的沈万三，全都是财神。

香火最旺的财神，那要属骑着黑虎的赵公明。不仅在中国，东南亚很多国家都供着这位爷，无论道观还是寺庙，都可能有他的神位。

其实这位爷一开始并不是财神，而是瘟神。他所到之处，“千村薜荔人遗矢，万户萧疏鬼唱歌”，人们对他避之不及，一看见他就双腿发软，下跪磕头。

而在成为瘟神之前，他还是更厉害的主儿，督鬼之神。

东晋干宝著志怪小说集《搜神记》里说：“上帝以三将军赵公明、钟士季各督数鬼下取人。”

《有象列仙全传 · 张道陵》说得更厉害：“时有八部鬼帅各领鬼兵动亿万数，周行人间……赵公明行下痢……暴杀万民。”

看见没？赵公明是领鬼兵亿万的八部鬼帅之一，主管痢疾。鬼帅啊，帅不帅？

管鬼的怎么又主管上瘟疫了呢？大概是因为战乱不断，人命如草芥，鬼厉横行，为了避免惶恐，只好先请他出面管鬼。后来瘟疫盛行，民不聊生，只好又让他管瘟疫了。这真是一个办事好神仙，神界灭火队队长，让他管啥就管啥。

《三教源流搜神大全·赵元帅》称其能“驱雷役电，唤雨呼风，除瘟剪疟，保病禳灾”。看来瘟神并不是传播瘟疫的，而是驱除瘟疫的。但是老百姓不知道，以为瘟神是来传播瘟疫的。

大概古代医疗条件不发达，瘟疫特别多，一个人忙不过来，所以给他还配了几个搭档，按照季节，分片区管理。赵公明负责秋瘟，另外还有春瘟张元伯、夏瘟刘元达、冬瘟钟士贵，还有总管中瘟史文业。

《三教源流搜神大全·五瘟使者》记载，五位瘟神曾经在世显圣过一次：

> 昔隋文帝开皇十一年（596年）六月内，有五力士现于凌空三五丈……帝问太史居仁曰：“此何神，主何灾福也？”张居仁奏曰：“此是五方力士，在天上为五鬼，在地为五瘟。名曰五瘟：春瘟张元伯，夏瘟刘元达，秋瘟赵公明，冬瘟钟仕贵，总管中瘟史文业。如现之者，主国民有瘟疫之疾，此为天行时病也。”帝曰：“何以治之而得免矣？”张居仁曰：“此行病者乃天之降疾，无法而治之。”于是其年国人病死甚重。是时帝乃立祠，于六月二十七日诏封五方力士为将军，青袍力士封为显圣将军，红袍力士封为显应将军，白袍力士封为感应将军，黑袍力士封为感成将军，黄袍力士封为感威将军。隋唐皆用五月五日祭之。

从隋唐乃至于宋元，赵公明一直作为瘟神被百姓祭祀。

那么赵公明是怎么就突然发财，变成财神了呢？这应该感谢中医药的发展，让瘟疫变得可控，瘟疫造成的伤亡越来越少，慢慢让赵公明失业后再就业，才成了财神。

隋代医典《诸病源候论 · 伤寒病诸候下》说：“若因岁时不和，温凉失节，人感其乖戾之气而发病者，此则多相染易。”咬文嚼字说了一个简单意思，换季时天气冷热交替，人容易感冒，相互传染。其实就是流感。

明末著名医家吴有性所著，集中医瘟疫学之大成的《温疫论》开篇就说：“夫温疫之为病，非风、非寒、非暑、非湿，乃天地间别有一种异气所感。”

那么“异气”是什么呢？病毒。流感病毒、轮状病毒、霍乱弧菌等等。

瘟疫可控后，赵公明在老百姓眼里，慢慢就转型成为可以预防瘟疫，甚至会带来福报的好神仙，瘟神赵公明的形象发生了转变。

很多人以为，赵公明在封神榜上就是财神，其实不是。《封神演义》里，他被姜子牙封为“金龙如意正一龙湖玄坛真君”。只是他手下有四个神仙：招宝天尊、纳珍天尊、招财使者、利市仙官，专管生意买卖，迎祥纳福。老百姓心想，小领导都管招财、进宝、纳珍、利市，那管他们的大领导肯定就是财神了。

中国文化特质里，更注重今生，而不期望来世。所以，升任财神之后的赵公明，香火变得异常兴旺。长安大小庙观，常见有人长跪于赵公明神像前，磕头如捣蒜，发大鸿愿，如果发了横财，必给老赵重塑金身云云。

当然，不修来世修今世也挺好，但还是要切记那句话：君子爱财，取之有道。

从瘟神到财神，从恐惧到喜爱，赵公明完成了他的华丽转身。

那么赵公明究竟何许人也？

《三教源流搜神大全·赵元帅》说，赵公明是终南山人，自秦时避世山中，形象为头戴铁冠，手执铁鞭，面如黑炭，胡须四张，跨虎，封正一玄坛飞虎金轮执法赵元帅。

英雄不问出处，单从他受的香火旺盛度来说，赵公明被百姓倒逼，华丽转身成财神后，应该干得很不错。看来不管是人是神，为人民服务，总会得到百姓的爱戴。

第 22 弹

三界大一统的天庭联合政府

中国的神仙体系是一个多方势力相互妥协的结果，儒释道并举，不能让一家独大。神仙并不是一股脑出现的，而是在这个融合过程中慢慢登场的。

在神话体系的创立之初，佛教和道教诸位神仙之间的地位问题，一直是困扰百姓的难题。到底是佛高于道，还是道高于佛，历史上曾经争论过多次，两家根据统治阶级不同时期的不同需要，你来我往，你上我下，相互交替上场。

神仙也乐见于此，轮流值班，各领风骚百十年，把香火分配得很均等。所以在中国从来没有过因为香火分配不均而引发的宗教战争。

究竟是一个什么样的体制，能让他们相处如此和谐，就算偶有争执，却绝不翻脸？其实很简单，就是在民主协商之后，成立联合政府，联合执政。

而联合的双方，就是神与仙。

我们一向把神仙合称，其实神与仙是两种不同的身份。神是有编制、有权力、有职责范围的政府机构成员。而仙是有身份、有地位、有待遇的名流贵胄。

根据其所处空间不同，神与仙也划分了类别。天上的是天神和天仙，人间的是地神和地仙，阴间的是阴神和鬼仙。联合政府的成立，把三界的神仙联合在一起，成立了一个上应周天诸星宿，下管普天亿兆生灵的高效政权。

根据儒家的政权方案，政府设立永久皇帝一名，因为在一元之内，神仙长生不老，不涉及皇位继承权问题，所以不设皇储。皇帝号称玉皇大帝，全称是“昊天金阙无上至尊自然妙有弥罗至真玉皇上帝”，为天庭联合政府的最高元首。三界之内，包括道祖太上老君、佛祖如来、地府阎罗、灵兽龙王……名义上全都必须服从天庭领导，对玉帝的差遣称为“奉旨”。

玉帝的人选，并不是靠血缘或者裙带关系，而是自己修来的。《西游记》里，如来说，玉帝修行苦历 1750 劫，每劫 129600 年，才享到天地之位。为什么是 129600 年呢？因为在西游的设定里，天地生灭，谓之一元，一元就是 129600 年。一元到头，天地枯死，为一劫，只有一些法力高强的大能，才能存活到下一元，重打锣鼓重唱戏。在无数次的生灭中，很多号称长生不老的神仙，也会死去。而玉帝修行苦历 1750 劫，可见其资历之老，境界之高。

因此，立他为帝，三界众神仙都没有异议，只有孙悟空这种愣头青，才敢说出“皇帝轮流做，今天到我家”这样童言无忌的话来。从玉帝的全称可以看出，道家在这一事上占了主导地位，充分显示出道家的主场优势。

政府的所有机构，基本都是按照儒家的方案来设定的。而佛家虽然在名义上也归天庭管辖，但最大程度保全了自身组织和意识形态的完整性，在西方保留了自己的地盘，佛祖虽是其事实的行政长官，可元首还是玉皇大帝，这应该是“一国两制”的神话版。

儒家是顶层设计，道家是行政管理，佛家是独立自治，三家各取所需，各负其责，各安其位，和平共处，共享人间的供奉。

首脑以下，就是政府机构，有政府就有人员编制，神就是有编制的公务员。神并不自由，必须按时打卡上班，按政府给你安排的职位履行各项义务，完成各项工作。像四大天王、四大天师、四大元帅、五斗星君、十二元辰、二十八宿、十殿阎罗、四值功曹、雷公电母、风伯雨师、山神土地等等都是此类。

相较于神，仙就舒服多了，不用上班，领着高俸禄，每日饮酒喝茶，四处游山玩水，过着与世无争的“神仙日子”。我们熟悉的福禄寿三星、地仙之祖镇元大仙、八仙、黎山老母、十二金仙等人，就属于仙类。甚至包括五台山文殊、峨眉山普贤和南海普陀山观世音等菩萨。

天庭政府刚成立时，只设立了 365 个编制，后来事情日益繁多，众神苦不堪言，这才有个后来的公务员扩招，公开向社会招募有能力的神仙，加入编制，为人间服务。

扩招的对象分以下几种：

一、道家部分仙人，如真武大帝、东华帝君等人。

二、佛家部分菩萨，如地藏王菩萨、观世音菩萨。

三、儒家的大人物，如唐朝丞相魏征、包拯包文正等。

四、向善的妖魔鬼怪，如大力鬼王、孙悟空等。

经此扩招，集三界英才于麾下的天庭势力越来越强，除了职能部门之外，还建立了一支敢战能战的强大军队，可以随时起兵征战四方，将有逆心者剿灭。最初封的那批神，也各自走上了领导岗位，具备了一定的政治素养和能力，有了政权的加持，在修为和资历更高的仙佛面前不再低一头，完全可以平起平坐了。

人员扩充以后，天庭开始组建地方政权，在三界大小区域设立机构和长官。

在阴司设立十殿阎君，为最高统领，却派地藏王菩萨作为总督监管。在四海设立龙宫，掌管四海水域，监管天下江河水神，所有的情报信息都经过水路东流入海。在各城市设立城隍，作为城市的守护神和执法神，奖善惩恶。等到基层组织机构彻底完善后，一个普天上下莫非王土的大一统政权正式形成。

而那些没有职司的仙佛，只能在指定区域内活动，个人自由虽不受限制，但除个别法力广大者，一般不得掺和人间事务。佛家众多菩萨罗汉，除了被天庭册封的观世音菩萨和地藏王菩萨外，还有谁在人间闲逛呢？

第 23 弹

神仙犯了错会怎样？

上一回讲天庭联合政府实现三界大一统，众神归位，各司其职，群仙蛰伏，不得干涉政府工作。那么万一在职神渎职，或者仙人犯错，会怎么样呢？

西方上古神话中的神，人格性非常强，会跟人一样犯各种错，犯了错就会受惩罚。比如普罗米修斯，盗取天火被宙斯锁在山崖上，受神鹰啄肝之苦。西西弗得罪众神，被罚永无休止推一块石头上山。但希腊罗马诸神湮灭后，《圣经》里的神，是全知全能，永远不会犯错的，因为他有神性，无人性。

中国神话中，从来没有过这样全知全能的神。我们的神，从始至终混杂着人性，他们跟人一样，爱恨情仇，纠葛不清。

《山海经 · 西次三经》说："有神焉，其状如黄囊，赤如丹火，六足四翼，浑敦无面目。"

这个描述很有意思，有个神，像个黄色的包裹，通红，长了六条腿，四只翅膀，胖墩墩的没有脸。如此面目不清的神，完全不是我们印象里的神，而更像个怪物。而叙述者，除了感觉有点儿奇异，似乎对它完全没有任何的尊敬或者畏惧。这种态度，应该就是中国人骨子里对神的态度——平视。

既然是平视，那就是把神当作人来看，既然如此，人犯的错，神也就会犯，人犯错会受刑罚，神同样也是如此。

我们还是从《西游记》说起。唐僧的四个跟班——三个徒弟和白龙马，都是典型的神仙犯错被刑罚的典型人物。

大徒弟孙悟空，身世大家都清楚，虽然是妖怪出身，但被招安封为弼马温，受了仙箓后，就属于有了编制的神仙。进了这个编制系统，后来被封为齐天大圣，也属于程序合法。在大闹瑶池，破坏蟠桃盛会被捉后，他先是被绑在斩妖台上，刀砍斧剁，毫发无伤，火烧雷劈，完好无损。后在太上老君建议下，关入八卦炉中煅烧。如果是别人，早就被三昧真火化为飞灰，可是孙悟空却因祸得福，炼出了火眼金睛，踹倒炉子，大闹天宫，实在没办法，玉皇大帝这才请来如来佛祖，将其压在五行山下，风吹雨打五百年。要不是有取经一事，还不知道要压多少年。

二徒弟猪八戒，本是天蓬元帅，是道教护法神北极四圣的老大。《太上北极伏魔神咒杀鬼录》描述天蓬的形象："三头六臂，执钺斧、弓箭、剑、铎、戟、索六物，身长五十丈，黑衣玄冠金甲，领神兵三十六万众。"天蓬元帅也属于实权派人物，他有多厉害呢？当年孙悟空大闹天宫，打到凌霄宝殿外，遇到佑圣真君的属下王灵官，两人打到一处，不分胜负。王灵官是佑圣真君的小弟，佑圣真君是北极四圣之一，也就是天蓬元帅的弟弟。这么厉害的人物，在降服孙悟空的安天大会上，酒后色胆包天，调戏嫦娥，被打了两千锤，贬下凡尘，错投胎成野猪，阴差阳错成了孙悟空的师弟。

三徒弟沙悟净，本是凌霄殿下卷帘大将，手持五千零四十八斤的降魔宝杖，乃鲁班亲造，玉帝钦赐。卷帘大将是个什么级别呢？因为这个职务是虚构出来的，所以没法考证。但从名字看，属于玉皇大帝的贴身带刀侍卫，那就是相当于“中南海保镖”，也是久经考验的心腹之人。按说这个身份，不该因为打碎个琉璃盏就受到责罚，但伴君如伴虎，大人物喜怒无常，没准玉帝那天心情不爽，就命人先把他打了八百，又贬下界来。这样还不够，又派飞剑每七天在他胸肋之间穿插百余下……对身边人这么狠，也是醉了。

再说小白龙，本是西海龙王敖闰之子，因纵火烧了殿上明珠，被他亲生父亲表奏天庭，告了忤逆。玉帝命人把他吊在空中，打了三百还不够，非要杀了。也不知道这西海龙王是不是儿子太多的缘故，竟然到玉帝面前把自己儿子告了，还整出个死刑来，龙的世界凡人真是无法理解。

总结以上，神仙犯错大约有三种刑罚：死刑、肉刑、流放人间。但对照其他神仙的处罚，天庭对这几个兄弟的处罚好像特别狠，而对其他人天恩浩荡，只是象征性地罚一下。

比如，二十八星宿的奎木狼私自下凡十三载，还吃人什么的，回到天庭，也只是罚他去给老君烧火，相当于做点儿社区服务。

东来佛祖的童子，下凡当了黄眉老祖，冒充如来佛祖，靠着人种袋抓了一众神仙，可是后来被弥勒佛降服，却毫无惩罚，只是简单地教训了几句。

虽然有双重标准的嫌疑，但天庭是不是就是纯粹的人治而非法治呢？错。既然是政权，就算是奴隶社会，也是有法律条文的。而天庭的法律条文，就是所谓“天条”。

有个词语叫“金科玉律”，它就来自天庭的基本大法《太上老君金口科玉条正律》，这部法典里，有金科三百六十科，玉律三十卷一万五千条，基本规定了神仙能做什么，不能做什么。除此以外，还有《太上混洞赤文女青诏书天律》《玄都律文》等等。

《太上混洞赤文女青诏书天律》明确规定了各种刑罚，大约包括十种：

第一，杖。就是用棍子打。卷帘大将被打了八百，就是用杖击，形式跟电视上见到的打屁股、打脊背差不多。

第二，徒。就是做苦力。我们都知道月亮上有个砍树的叫吴刚，他就是被判“徒”，每天拿斧子砍月桂树，生生世世都砍不倒。倒是跟西西弗推石头差不多。

第三，流。就是流放，就是流放到苦寒之地。就像沙俄把犯人流放西伯利亚，清朝时把犯人流放宁古塔一样。三界也有这种苦寒之地，神仙犯错就流放到那里，一般情况下这种地方都仙根灵脉断绝，神仙去了基本无法修行，甚至还会遭遇危险。卷帘大将就是被流放在流沙河。他和八戒还不一样，八戒可以到处跑，而他就只能在这里。

第四，针决。这也是一种肉刑，肯定不是用绣花针，而是用“雷针”，对仙体和灵魂造成巨大的痛苦，负责干这个事儿的就是雷神。所以雷罚无论在东方和西方，都属于重刑。

第五，处斩。这个简单，就是砍头。有人问了，神仙都有复活能力，砍头算什么。说的没错，但神仙的仙体一旦遭到破坏，修为会直线跌落，也许不会死，但可能千万年的修行毁于一旦。泾河龙王当初就是犯了天条，被魏征监斩砍头。

第六，灭形。比起砍头，这个就厉害了。仙和人一样，都有形体，所谓体就是身体，而形就是魂魄。身体受伤害了尚可活，但魂魄被灭了，基本就消失在这个世界上了。

第七，万生万死。这是什么意思呢？我们都看过电影《无间道》，讲的是人在世间的折磨。“无间”一词出自无间炼狱。“若堕此狱，从初入时，至百千劫，一日一夜，万死万生，求一念间暂住不得，除非业尽，方得受生，以此连绵，故称无间。”这段话比较简单，就不翻译了，总之就是无穷无尽地受痛苦折磨，求生不得，求死不能。

第八，贬下界。这条好理解，八戒就是被贬下界了。有人问了，贬下界不挺好的吗？这个要从神仙的角度想问题，神仙求的是长生逍遥，而贬下界后，就算有些法力，但是要重入六道轮回的。如果没得到还好，可是得到了又失去，就太痛苦了。由俭入奢易，由奢入俭难，长生也是如此。

第九，灌铁丸。这条光看字面意思，可能又不好理解，我们再引经据典一回。《太上感应篇汇编》里有一段话：“灌铜汁而遍身肉烂，吞铁丸而满口烟生，遭剉磕则血肉淋漓，入寒冰则皮肤冻裂。”这是针对谁呢？针对恶鬼。如果说贬下界是进入六道轮回的人道，那么灌铁丸，直接就贬入饿鬼道。

第十，法外苦楚。如果说前九条都是有法可依，那么这条就更阴险了。法外就是在法律条文以外，可以上私刑。一旦上了私刑，那就什么事都可能发生了。我怀疑沙和尚被流放流沙河后，被飞剑穿胸，就属于私刑。

由此可见，在中国人的眼里，神仙并不是那么好当的，他们也不能为所欲为。如果神仗势欺人，自然有公正公平的天条等着他们。人如果受了委屈，还可以上诉，找谁上诉呢？灶王爷。

所以大家不要小看灶王爷这个神，所谓“上天言好事，下界保平安”，就是说灶王爷虽然看着职务不高，但可以上达天听。如果你被神仙欺负了，不用忍气吞声，回家做顿饭，把事情实事求是告诉灶王爷，他会把你的申诉材料带到玉帝面前。

你要真有理，你就等着神仙给你道歉吧。

第 24 弹

洞天福地与多维空间

谈起多维宇宙和平行宇宙，这些看起来非常高大上，并且带有科幻色彩的概念，其实在中国的神话故事里也有体现。对于时间与空间的关系，我们常用河流比喻时空，比如“子在川上曰：逝者如斯夫”，用舟来代表我们自身存在的位置。

这种比喻最妙的地方在于宏观视角，无数不同的河流汇集入海，虽然目的一样，但流速和方向，也就是时间与空间上却有所不同。作为人本身，如同行舟一样在时空中流转，相对于人来说，舟不动而水长流。简而言之，就是清者浊之源，动者静之基，万事万物变化不休才是天道所在。

那当河流出现问题，以不动的舟来观测这个世界，会发生什么变化呢？

在中国神话里，有“天上一日，地下一年”的说法，这就意味着在仙界和人界，时间流速是不一样的。即使同在人界，也偶有与主流速度不等的时间暗流，最著名的就是烂柯山的故事。

南朝《述异记》记载：

信安郡石室山，晋时王质伐木至，见童子数人，棋而歌，质因听之。童子以一物与质，如枣核，质含之不觉饥。俄顷，童子谓曰："何不去？"质起，视斧柯烂尽，既归，无复时人。

大致意思就是王质在石室山砍柴时，看到几个童子在下棋，他站在旁边，只看了一会儿，童子就问你怎么还不回去？他起身才发现自己的木斧柄都已经烂掉了。回到家后，发现时间已经过去了很久，连跟他同时代的人都没了。

烂柯人就是作为人本身不动，不同区域时间流动速度不同而造成的。这则故事里的石室山，后人称之烂柯山，也是《道书》中的青霞第八洞天。这就是说烂柯山其实是神仙所在，仙人有别，时间流速不同似乎就可以理解了。

我们常常把洞天和福地并称，实际上这是两种性质完全不同的地方，洞天类似于今天语境中的别有洞天，洞就是通的意思。

道教《崆峒问答》中第三十问："何为洞天？"答曰："洞者通也。言此地可以通天神之灵炁。"

通什么呢？通向不同维度的世界，也就是仙境。也就是说，人间其实有通往仙境的通道，能不能找到，就得看缘分了。

如果说洞天是神仙居住的地方，那么福地则是人居住的地方，虽可以让人避开灾祸与不幸，却没有脱离人间的范畴。传说中的武陵桃花源，就是福地的代表。

道教《崆峒问答》里说得很清楚："三十一问：何为福地？答曰：五灾不染谓之福地。三十二问：何为五灾？答曰：水、旱、刀兵、虫蝗、疫疠也。"

在神话传说里，世间有三十六洞天、七十二福地，洞天的时间流逝速度要大于人间，而福地的时间速度与人间一样。

我们可以对比王质和武陵人，王质无意进入烂柯山洞天，就是误入了仙境，站在时间流速更快的仙人身边看下棋，只一小会儿就过去了一百多年。而武陵人进入桃花源，吃了饭还过了夜，出来以后，也没什么变化。这就是洞天与福地的区别。

我们可以用东方朔的故事来印证。《洞冥记》记载，东方朔幼年时，有一次出门，数月才回来，一回家就挨老妈打。过了一段时间，他又出去一趟，过了一年才回来，他母亲追问他去哪里了，怎么跑了一年？东方朔回答："儿至紫泥海，有紫水污衣，仍过虞渊湔浣，朝发中返，何云经年乎？"意思是说，我早上出去，中午就回来了，母亲你为什么说我走了一年呢？

东方朔去了哪儿没有说，但根据他的事来看，他应该是去了洞天一类的地方。幸好时间流逝没有烂柯山快，要不就见不到母亲了。

既然天上一天，人间一年，那鬼界又如何呢？

《酉阳杂俎·支诺皋上》里说："鬼言三年，盖人间三日也。"也就是说人界的时间流速虽然比起天界来算慢的，但比起鬼界来，还是很快。如此说来，天人鬼三界总体大致可划分为三个平行世界，三个世界的时间快慢不同。而三个世界里又分无数个小世界，各有各的时间流。烂柯山算是仙界里流速最快的，山中方一日，世上已千年。人间才一日，阴间数百载。

七十二福地里，也有等级划分。南宋道士萧道存撰《修真太极混元图·人世七十二福地之图》曰：

上等一十二福地，富贵貌寿，子孙兴焉。下等三十六福地，贫贱夭陋，刑疾并焉。中等二十四福地，祸福不常，贫富无准，或夭而有子，或陋而多疾。贵贱反覆，得失循环。若人积行，止得升迁，如人作孽，当得堕落。

如此多的空间维度，真让人眼花缭乱。

七十二福地以终南山为首，兴扬入道就在终南山中，虽然没有找到多维空间，但也算是大福分了。一度终南山内聚集了上万隐士，虽不至于摩肩接踵，但三五十米内就有一处隐士居所，也不知道有没有人进入过其他维度。

福地因为在人间，所以也遵循了无常的规律，会随着人而发生变化。“若人积行，止得升迁，如人作孽，当得堕落。”

也就是说，真正的福地在于众人积累善行，一方人勤劳友爱，就会成为福地，如果人人都想不劳而获，侵害他人，那么这个地方就会堕落成地狱。

说到底，多维空间是否存在，就连现代科学也说不清楚，而古人却用洞天福地的概念表述了出来。你可以说是想象，但正是这种想象力，构建了东方伟大的神话世界。

第 25 弹

妈祖是怎么成神的?

妈祖是渔民的保护神，起源于东部沿海的渔岛信仰，保佑出海打鱼者的平安。

妈祖信仰非常兴盛，不仅在中国南方，在泰国等东南亚国家，以及日本等地都有妈祖庙宇。但妈祖信仰，一开始并不被大家所认可，妈祖成神，完全是个逐步走上神坛的励志故事。

妈祖早期的神力并不强大，甚至需要借助渔民的舢板前往圣墩。

目前最早记载妈祖身世的文献，是南宋绍兴二十年 (1150 年) 廖鹏飞的《圣墩祖庙重建顺济庙记》：

> 里有社，通天下祀之，闽人尤崇。恢闳祠宇，严饰像貌，岿然南面，取肖王侯。夫岂过为僭越以示美观？盖神有德于民，有功于国，蒙被爵号，非是无以彰其威灵也。郡城东宁海之旁，山川环秀，为一方胜景，而圣墩祠在焉。墩上之神，有尊而严者曰王，有皙而少者曰郎，不知始自何代；独为女神人壮者尤灵，世传通天神女也……

廖鹏飞在开篇没有直接描写妈祖庙（圣墩祖庙），而是先描写了里社，也就是祭祀土地神的处所，说里社建设恢宏、造像庄严南面而向，莫非是以僭越不礼来追求美观？因为庙宇修多大是有讲究的，小神不能修大庙，你给土地爷修个凌霄宝殿，就属于僭越。这跟明清时期，江浙一带盐商修园林同理，占地多大，房子多大，都是有规矩的。地方不能大，那就只能把园林里面做精致，成就了苏州园林的美誉。

提出问题后，廖鹏飞又论述说，其实此神有德于民众，有功有国家，更是被圣旨赐下爵位，不修这样的大庙，无以彰显神灵功德。点出这一观点后，廖鹏飞才顺势引出“圣墩祠”，并强调“独为女神人壮者尤灵”。

由此可见，在南宋时期，妈祖信仰并不广泛，也不兴盛，因为她还没有自己的专属庙宇，而是跟“王”“郎”同为墩上之神。

廖鹏飞在庙记里详细写了妈祖的功德。

妈祖的原型是一名叫林默的渔民，也有传说是民间的巫女，她能言人祸福，治病消灾。对于在复杂气象条件下讨生活的渔民来说，海难是最难以预料的，因此丧生者不计其数，渔民最希望有神灵庇护出海。林默的形象，恰恰迎合了老百姓的精神需求。后来她因救助海难，于宋太宗雍熙四年（987 年）九月初九逝世。去世之后，有些渔民就建造小庙供奉林默。

此后一百年间，林默的信仰在当地慢慢扩散开来。元祐丙寅岁（1086 年），圣墩附近常有光气夜现，附近的人不知为何，有渔民去看后，晚上坐小舢板回家，第二天小舢板自动又回到了圣墩。当天晚上，居住在附近的人都梦到有神女说：“我湄洲神女，其枯槎实所凭，宜馆我于墩上。”大家都觉得太神奇了，就开始广泛在庙里祭祀妈祖。

自此以后，渔民发现在庙宇里无论祈祷风调雨顺，还是治病救灾，都特别灵验。尤其是在海上的祈愿，凡是有祈祷者，船只哪怕遭遇大风大浪，也会平安归来。于是，对妈祖的信仰就得到了越来越广泛的传播。

宋徽宗时，朝廷派给事中路允迪出使高丽，一行人从东海出发，遭遇风浪死伤众多，但给事中乘坐的船只毫发无损，当时有人看到有女神站在桅杆上翩翩起舞。平安之后，路允迪就问大家这位女神是谁？时有保义郎李振，一向信奉妈祖，就说这是妈祖。回朝之后路允迪上奏皇帝，宋徽宗就下诏赐名顺济庙。

得到帝王的加封后，民间开始把妈祖塑造成海上卫护平安的全能女神，她的封号经历宋、元、明、清四个朝代多达36次褒封后，从“夫人”“妃”“天妃”直至“天后”“圣母”，并列入国家祭典，其地位也变得越来越高。康熙十九年（1680年），妈祖被赐封“护国庇民妙灵昭应弘仁普济天妃圣母”，康熙二十三年（1684年），又被赐封为“护国庇民妙应昭应普济天后”，于是，天后娘娘也就成了妈祖的圣称。

妈祖姓林，林在福建是大姓，此支源于比干，在晋代曾为晋安郡王，妈祖林默就源于此支。所以妈祖的出身可能并非民间女子，而是一位有能力帮助别人的大户人家小姐。她生前关爱贫苦民众，热心帮助渔民，所以在她去世后，老百姓怀念她，自发立庙，希望妈祖继续帮助他们，天长日久聚集愿力，灵验事迹频繁。

最开始，妈祖信仰只是闽南无数民间信仰的一个，但得到更多人的认可，得以走得更高更远也被更多人接受，主要还是因为她得到了朝廷的承认和册封。古代不被朝廷承认的神庙，会被地方官吏捣毁，以保证信仰的正统性。所以朝廷的册封，不仅可以保护妈祖的庙宇不被毁灭，也给妈祖加持了王朝的认同，这份肯定让妈祖从一个强大的灵变成了神。

随着华人走向海外，开枝散叶，妈祖信仰也被带到了全世界。故土可离，故乡难忘，海外华人对妈祖的祭祀，不仅是一种对神灵的向往，而且是对故土的思念。只有不忘来处，才能知道去处。

第 26 弹

关公：军神兼职老乡财神

在香港电影中，我们经常可以看到警察拜完关公，就去抓拜关公的黑社会。关公既是大家公认的军神，又是部分人眼里的财神，全国各地的关帝庙非常多，很多饭馆、酒店，甚至公司都供着关羽像。

中国人都知道，关羽只是三国时代的一名武将，虽然温酒斩华雄，过五关斩六将，英勇无比，但在三国武将排名里，恐怕都进不了前三名。关羽既不是帝王，又不是道士，为什么会获得万人敬仰，成为关圣帝君呢？

咱们先看看别人对他的评价。

曹操：“事君不忘其本，天下义士也。”一代枭雄说，关羽真讲义气啊！

刘晔：“关羽、张飞勇冠三军而为将。关羽与备，义为君臣，恩犹父子。”一代名士说，关羽真讲义气啊！

李贽：“云长信义，不设机械，观其待徐公明可见也。到底是个君子，不比小人，外厚其貌而衷薄甚也。”一代宗师也说，关羽真讲义气啊！

所有人对关羽的评价，都是义字当头。可见“义”确实是关云长身上挥之不去的强势标签。

关羽，本字长生，后改字云长，河东郡解县（今山西运城）人，因长了一把好胡子，不打皱不分叉，而被称为“美髯公”。关羽早年与刘备、张飞结义，排行老二，跟随刘备颠沛流离，辗转各地。其间虽然受到丞相曹操的厚待，却仍然择机离开曹操，去追随大哥刘备。

赤壁之战后，刘备势力逐渐壮大，关羽长期镇守荆州。建安二十四年（219年），关羽水陆并进，围攻襄阳、樊城，利用大雨水淹七军，将前来救援的于禁打得全军覆没。关羽威震华夏，使得曹操一度产生迁都以避关羽锋锐的想法。但随后东吴孙权派遣大将吕蒙、陆逊袭击了关羽的后方，关羽又在与曹军将领徐晃的交战中失利，最终进退失据，兵败被杀。景耀三年（260年），后主刘禅追谥关羽为壮缪侯，这也是“关壮缪”一名的由来。

这就是关二爷作为人的个人简历，下面我们再看二爷是怎么一步步登上神坛的。

最早的关羽崇拜产生在荆州地区。荆州，古时又称江陵，就是李白诗中“千里江陵一日还”的江陵。这座城市历史久远，可追溯到大禹时期，禹划九州，始有荆州。关羽曾在此地常年镇守，最终也亡于此处。

隋唐时期，当阳的玉泉山就有专门祭祀关羽的庙宇玉泉祠。这也是有说法的。关公被斩杀之后，孙权将其首级送给了曹操，曹操一向对关羽厚爱有加，把他的首级葬在了河南洛阳，而他的身体就葬在了湖北当阳。所以留下一种说法，叫关公头枕洛阳，身葬当阳。

所以，一开始玉泉山上祭祀关羽的行为并不纯粹。此时的关公信仰，和六朝以前的败亡将军信仰相差不多，都是当地人害怕这些战败的将军魂魄作祟，祭祀安抚之。

安史之乱后，朝廷为稳定人心，振奋民心士气，“以兵戍之急”册封姜太公为武成王，为武庙之主，并精心挑选六十四位历代名将作为配祀。此时的关公只是其中之一。

不过在宋初，关羽还因为白起被撤销过官方祭祀。《续资治通鉴》记载，赵匡胤在武庙游览，看两廊的历代名将之画像，到白起时，他以非常不礼貌的姿势，用手杖指着白起说：“起杀已降，不武之甚。何为受享于此？”然后让臣子重新排列武庙，导致关羽张飞等22人被剔除，让汉代班超、唐代秦叔宝等人成为配享。

后来，在宋神宗时期，传说宋军在远征交趾时，关羽曾显圣帮助宋军，因此政府出资加建专门的显烈庙，宋哲宗还亲自题写“显烈”二字作为显烈庙的匾额。从此，关羽成为护佑宋朝军队的“军神”。

到北宋末年，宋徽宗又五次追封关羽，从“忠惠公”封到“义勇武安王”，宋徽宗还亲自跑去显烈庙题写了“神勇”二字匾额。靖康之耻后，金人扰变，虽有岳飞、韩世忠等当朝名将，但民间依旧追慕历代名将，关公在此时愈加成为被怀念的对象。1187年，宋孝宗追封关羽为“壮缪义勇武安英济王”。

蒙古人入侵中原后，关公在民间已经有了非常巨大的影响力。元朝政权为了减弱岳飞在民间的影响力，特意加封关羽。后来明承元制，继续加封关羽，到了明朝嘉靖年间，武庙中本为配享的关公，改为“专祭”，形成了越来越强大的关公信仰。

关公信仰也影响着周边国家。万历年间，明朝军队曾入朝鲜抗倭，朝鲜人在明朝的协助下建立关帝庙。朝鲜文人李安讷的《关帝庙》诗赞曰：“关王本是汉将军，百战英灵凛九原……阴兵助顺神功着……”

从此诗就可以看出，当时关公在朝鲜半岛的文人眼中已不仅是汉将军，还是一位神灵。此后，关公庙在朝鲜半岛也开始兴盛起来，直至朝鲜半岛兴起去汉化运动，关帝庙首当其冲受到波及。相对来说，在东南亚地区，关羽信仰还是深入人心的。比如越南，虽也有过去汉化的历程，但不同于朝鲜半岛对关公信仰的斩尽杀绝，越南至今还有不少关公庙宇。

关公之所以被儒家敬仰，主要还是因为其誓死不降的气节。曹操一向被儒家正统认为是乱臣贼子，关羽虽被其厚爱，却始终与其保持距离，宁死追随刘备，后来在华容道放曹操一马，更加证明关羽是个有情有义的大英雄。这样的人物，自然要被儒家奉为偶像。

至于关羽成为财神，完全是因为其乡党情谊。因为关羽是山西人，而做生意非常厉害的晋商，需要找一个老乡作为自己的保护神，而关羽传递出的信义本身，也是生意人的道德准则，所以一拍即合，关羽成了晋商供奉的神仙。随着山西商人生意规模越来越大，甚至把生意做到海外，就更需要一个强大的保护神来团结众人，那么给关公修庙这件事就势在必行。所以国外很多唐人街这类华人聚集地，就修起了富丽堂皇的关帝庙。其他生意人一看晋商这么做，越来越兴旺，也就跟着供起了关公。

至此，关公终于从一名威震八方的军神，当上了财富的守护神。

第 27 弹

龙王爷：你的容颜我永远不懂

现在的电视剧或者电影里，我们看到龙王，基本上都是龙头人身的形象，这可能源于 86 版《西游记》中的人物造型，这种“龙设”早已深入人心，以至于我们都快忘了龙王爷他老人家的真龙颜了。

在中国的神话传说里，龙王也是位列仙班的一位响当当的神仙。而且动物类修仙，首先要修成人形，然后才能继续修炼，哪怕是白素贞也要先变成大美女，才能显化在人间，更何况是龙王。龙头人身明显是还没有修炼成人形的象征，按照传统看法，只能算是妖怪。

其实，在《西游记》原著中，也并没有特别描绘龙王长相，这也就是说龙王的长相其实和凡人差不多。而以孙悟空为代表的妖精，都有非人长相的描写。

孙悟空是：“长相圆眼睛，查耳朵，满面毛，雷公嘴，面容羸瘦，尖嘴缩腮。”

猪八戒是：“初来时，是一条黑胖汉，后来就变做一个长嘴大耳朵的呆子，脑后又有一溜鬃毛，身体粗糙怕人，头脸就像个猪的模样。”

这样一看，修成仙的和没有修成仙的，在容貌上还是有很大的差别。

我们再看看龙王的同类，西海龙王三太子是：“那小龙翻波跳浪，跳出水来，变作一个人象，踏了云头。”

也就是说神仙都是人模样，妖怪才是狗头虎脸。所以龙头人身的龙王爷形象，完全是86版《西游记》的发明创造。

从源头上讲，我们目前接触到的龙王有三类，来源于中国传统神话中的有两种——本身显化的龙王，由人受封的龙王；来源于印度神话的有一种。这三种龙王在外的显现，都是绝对的人形。

一、显化龙王

龙王信仰在宋代之前，多称为龙神。直至宋徽宗大观二年（1108年）诏天下五龙皆封王爵，封青龙神为广仁王、赤龙神为嘉泽王、黄龙神为孚应王、白龙神为义济王、黑龙神为灵泽王，龙神才称王。所以本身来说，龙王就是龙神。

传统神话中，认为东南西北四海，都有龙王管辖，叫四海龙王。另有江河湖海中也有五方龙王、诸天龙王、江河龙王等，哪怕水井中都有井龙王的存在。《西游记》中的四海龙王敖广、敖钦、敖顺、敖闰之所以姓敖，源于现今已经不为大家熟悉的四海神。中国古代四海神为东海神禺虢、南海神不廷胡余、西海神崦兹、北海神禺疆，他们的坐骑为鳌龙。当四海神信仰逐步被遗忘时，作为坐骑的鳌龙便替代了他们的位置。

龙王信仰一直延续，清同治二年（1863年）封运河龙神为“延庥显应分水龙王之神”，令河道总督以时致祭，这就是文化的延绵。

中国古代神像是有礼制的，以城隍为例，明朝曾经给全国的城隍庙神封官，分王、公、侯、伯四等，各地的城隍形象也都按照其管制塑造，比如西安城隍庙中的神像头上戴着的就是皮弁。

在中国传统概念里，人为万物之灵，万物以人最为尊贵，如果龙王修不成人，还保留着龙的形象是受不起人的膜拜的，就算是修真小说都知道化形的妖怪形态越像人就越厉害，因此龙头人身相，以传统中国神仙塑造观念来讲是完全站不住脚的。

二、受封龙王

中国古代，龙王也是一种封号，就像你同学有个外号叫“浪里白条”一样。龙王作为尊称，会被帝王加封给有功之臣。

在安史之乱中守睢阳，力战被俘后骂贼而死的南霁云，在宋太宗淳化二年（991 年）被敕封为“秦州慧音山昭佑嘉二龙神君”，后被清嘉庆帝敕封为“秦州慧音山昭佑绥沣嘉泽二龙大王”，成为龙王。

秦州就是今天的甘肃天水，此地至今会在五月膜拜二龙大王南霁云，而且当地龙王南霁云的形象都是人形。

生于唐懿宗咸通九年（868 年）七月初五的襄垣县长乐乡司徒村道士焦七，也被册封为龙王。五代后唐清泰二年（935 年）封为“灵侯”，后晋天福四年（939 年）加封为“昭泽王”，元世祖渡海南征时，加封“海渎王”，明洪武七年（1374 年）改称“海渎之神”，后追封“海渎龙王”“康昭海渎王”，民间亦称其为“昭泽龙王”。

这些龙王本身就是人类受封而成，当然也只能是人的形象。

三、印度龙王

金庸的小说《天龙八部》想必大家都很熟悉。佛教进入中国后，印度神话对中国也有了影响。鸠摩罗什翻译的《妙法莲华经》里就有印度龙王，共八位，分别是难陀龙王、跋难陀龙王、娑伽罗龙王、和修吉龙王、五德义迦龙王、阿那婆达多龙王、摩那斯龙王、优钵罗龙王。宋代画家张胜温作《法界源流图》里有其中六位，他们都是人间王者的样貌，穿袍蹬靴，携侍带眷，衬以天云海水。

在这里，我们需要说明的是，印度神话中的龙骑士是印度教中的那迦，头形酷似眼镜蛇，长身无足，无角，是有剧毒的水属精怪类生物，住水中、地下，有宫殿，喜欢财宝，具有控制水、行云雨的力量，严格说来是一种妖怪，跟中国神话中的龙是两回事。

这三种龙王，无论哪一种神像，都不可能是龙头人身，基本都是帝王冠冕像。如果大家去某个龙王庙，看到龙王是龙头人身，说明这庙是现代的，很可能还是照着86版《西游记》修建的。

第 28 弹

太白金星原来是个大美女

无论在书上，还是在影视动漫上，一位和蔼可亲、慈眉善目、人畜无害的白头老爷子，已经成了太白金星的固定形象。然而，太白金星的真身却并不是这样，他曾经是主管战争的神灵，曾有一度还是一位黄裳美女。

也许是因为一抬头就能看见的缘故，金星的信仰起源很早，早在先秦时期，就有太白金星的信仰。

《诗经·小雅·大东》里说："东有启明，西有长庚。"朱熹注曰："启明、长庚皆金星也。"出现最早叫启明，消失最晚叫长庚。在金木水火土五颗星辰里，人们最熟悉的也属金星。

秦国一统天下后，太白金星等一干星辰又被列入国祭，国家每年都要为它们举办祭祀仪式。但此时的太白金星只是作为代表天象的星辰存在，还没有具体的人格形象。直到汉代，太白金星才开始被拟人化。

《史记正义》引《天官占》云："太白者，西方金之精，白帝之子，上公，大将军之象也。"

我们不但把他人格化了，还给他编造了家谱，找了个爹——白帝，相貌也正式出来了。白帝是谁？就是上古后天五帝之一的少昊，与之并列的是东方青帝太昊，南方炎帝，中央黄帝，北方黑帝颛顼。

历史上关于白帝和金星的关系记载也很乱，一会儿白帝是老子，金星是儿子，一会儿白帝是儿子，金星是老子，反正记得两者是父子关系就好了。

《汉书·天文志》曰：“太白经天，天下革，民更王。”

意思就是，太白金星是战争的征兆，天下会发生变革，百姓会更替国主。所以钦天监会紧密观测金星的运行轨迹，金星在特殊的时间、地点出现，可能就是“变天”的象征，是爆发革命或政府变异的前兆。

电视剧里，偶尔也会有这样的情节，钦天监主管急匆匆跑去向皇帝报告，发现“金星凌日”之异象，因为太白犯主，是大凶之兆也。

唐代玄武门之变前，太史令傅奕曾密奏唐高祖：“太白见秦分，秦王当有天下。”

所以，如今看起来慈眉善目的白胡子老头，年轻的时候也曾是杀伐果断的好汉子。

金星也是神话中的五曜之一，所谓五曜，是指金、木、水、火、土五大行星，这五颗星星是上天的辅佐者。而金星的早期地位非常之高，位列三清之下。

也许是因为白吧，所以太白金星最初是一位女神，在山西芮城永乐宫的壁画里，金星是一位身穿黄色衣裳，头戴鸡冠，手持琵琶的女神。这里的鸡冠不是指鸡头上的冠子，只有昴日星官才长那样，而是一顶羽毛非常漂亮的鸡形帽子。为什么头上会卧一只鸡呢？因为公鸡早上打鸣时，正好是启明星出现之时。

唐代梁令瓒所绘《五星二十八宿神形图》描绘的太白金星是这个样子的：太白星神是一位丰润妇人，头戴鸟冠，身着黄衫，衣袖飘飘，端坐于三色神鸟之上；神鸟鹰翅鹤身，孔雀头，长羽扇尾。

看！太白金星原来是位骑着鸟飞的丰腴女性。

以上可见，太白金星并非天生是老爷子，他还是一个萌妹子，一位贵妇人，还客串过杀伐果断的武神。直到明朝以后，太白金星才莫名其妙变成了男儿身，而且还是胡子花白的老头，被孙悟空欺负来欺负去。

说太白，就不得不说诗仙李太白，李白的母亲梦到长庚入怀，生下了李白，传说是金星犯了错，被贬下凡，所以李白后被称为谪仙人。李白写诗，惊天动地，动不动就几千丈，几万载，仙里仙气，的确不像是凡人干的事。

第 29 弹

中国的神仙都爱站着飞

国外的超级英雄一般都是趴着飞，无论是超人还是雷神，无论是霸天虎还是阿童木。再看中国的神仙，都是站着飞，或者坐着飞，无论是玉皇大帝还是王母娘娘，无论是太上老君还是观音菩萨。

有人就说了，别人的是科幻片，中国的神仙都是想象出来的，超级英雄当然是要符合科学原理，趴着飞才符合空气动力学原理。中国的神仙站着飞明显不科学，跟超级英雄没办法比。

这种说法看起来很有道理，但仔细推敲，就贻笑大方了。中国的神仙是幻想出来的，难道外国的超级英雄就是真实存在的了？他们也是幻想啊，如果不是幻想，就不是科幻片而是科教片了。

当然如果非要拿两者说事儿，其实你懂的。外国的超级英雄都是赶场子去救人的，我们的神仙都有偶像包袱，只愿意在凡人面前呈现最美的一面，所以发明了“瞬间移形换位”，你只知道他不见了，是怎么不见的，你根本看不到。我们的神仙天天鼓励凡人修仙，却连飞行的基本姿势都不肯展示，传个法门还都是稀奇古怪的咒语，传了千万年，连初中物理、化学都不肯让凡人学会。

《西游记》里，孙悟空刚学会飞，就对菩提祖师说，师父我学会腾云驾雾了。菩提祖师笑着说，猴子，你这哪里是腾云，你这只是爬云。用游泳来比喻，如果腾云是蛙泳、蝶泳、自由泳，那爬云就是狗刨。狗刨也能浮起来，但还真没见国际游泳大赛上有狗刨比赛的。

其实在中国神话里，除了像孙悟空这种野生猴子神仙要翻着筋斗飞，其他神仙都有坐骑。太上老君的坐骑是青牛，太乙真人的坐骑是九头狮子，观音菩萨的坐骑是金毛吼，就连孙悟空的大哥牛魔王，这种非神的大妖，都骑着碧水金睛兽。

坐骑不是《西游记》虚构的，而是典籍里记载的。在先秦史记的神话故事里，神仙都是乘神兽而飞，如黄帝是乘龙升天，九天玄女是乘坐玄鸟。

当然，我们也有趴着飞的。屈原在《楚辞 · 远游》里写道："仍羽人于丹丘兮，留不死之旧乡。"

在那时羽人和不死的神仙关系很大，出土的汉墓壁画里就有对羽人的描绘，他们长着翅膀，跟超人一样趴着飞。要是直起来飞，从科学角度来说，真的就消耗太多能量了。

《抱朴子 · 论仙》中有一段话说神仙出行："马皇乘龙而行，子晋躬御白鹤。或鳞身蛇躯，或金车羽服，乃可得知耳。"

马皇就是马师皇，传为黄帝马医，为兽医鼻祖，能治万兽之病，后驾龙飞升；子晋就是王子乔，鳞身蛇躯是女娲伏羲，金车就是麻姑王远，羽服就是刚才说的羽人。

长翅膀的羽人，在中国传统神话观念里，是天庭的基层官员或者底层劳动力，所以只能趴着飞。高级神仙出行都有代步工具，或者乘龙，或者御鹤，或者驾车，或者云辇，而底层劳动力没有坐骑、没有地位、没有本事，穷得只剩下一身法力了，没有办法才趴着飞。

先秦之后，人们认为长着翅膀、有羽毛的鸟人不能成仙修正道，脱不了毛的都是禽兽，唯有修成人形才能够成仙，羽人出现得越来越少。所以现在，我们看到比较多的就是站着飞的神仙，而不是趴着飞、长翅膀的鸟人了。

由此可以看出，中国的神仙站着飞，并不是因为不懂科学，或者不符合空气动力学原理，而是神仙都有自己的坐骑，或者交通工具。换句话说，中国的神仙都是有车一族，只有孙悟空这种猴子，坐车不安分才翻着筋斗飞。

如果是短途，不需要坐车的，神仙们才会飞一飞，就当散步，刷个微信运动排行榜。与其说是飞，还不如说是飘，飘在半空，等着人来膜拜。

你想想，神仙们想坐车坐车，想乘龙乘龙，乘龙驾凤多威风，干吗要自己飞呢？那些趴着飞的，不是没有神兽愿意跟，就是得像雷公那样去第一线干活。

而国外的超级英雄都是要去第一线干活的，趴着飞更方便而已。

第 30 弹

古代幸福指数排行榜

现在流行讲人的幸福指数，有好事者以水、空气、人口、收入等指标为依据，做幸福指数国家或者城市排行榜。其实对于中国人来说，这种幸福指标自古就有，按照重要性不同，排序为：福、禄、寿、喜、财。

福排第一，财排最后，不是说财不重要，只是福太重要了。

福是什么？《说文解字》说：“福：佑也。”福就是神灵保佑。有福的人，就是有神仙罩着的人，有福气，就是要啥有啥不缺啥。有了福气，才是圆满的人生。

那么福是谁给的呢？民间有天官赐福的说法，但很少有人去追问，天官是谁？哪位才是天官？

其实，天官人人都熟悉，就是我们经常说的“上元主一品赐福天官紫微大帝”，尊称为“中天北极紫微太皇大帝”，是道教四御之一，基本属于皇帝助理角色。

天官由青黄白三气结成，总主诸天帝王。每逢正月十五上元节即下人间，校定人之罪福。故称天官赐福。另外，有中元节即七月十五鬼节，民间认为此日地官赦罪。下元节十月十五，民间认为此时有水官解恶。

天官、地官、水官分别对应赐福、赦罪、消灾，这种说法源于远古先民对天、地、水的自然崇拜，代表了老百姓心中的真实愿求。

那么，天官是如何赐福给我们小老百姓的呢？

相传，天官是能和玉帝说得上话的，每年上元节，天官都要来人间走一遭，看看人间的因果罪福，搜集每户人家的信息。做了好事的人，希望老天爷知道，得到福报；做了坏事的，便虔诚忏悔，以求免于责罚。天官把这些消息汇总分类，最后呈报玉帝，让玉帝他老人家做最后的定夺。正是因为天官这一职能，以前民间家家户户都会在家里供奉天官，希望借敬天官而求得福报。

所以，照这么说来，天官只是代天巡察，最终决定赐不赐福的并非天官本人，而是玉帝。只是玉帝天高皇帝远，老百姓只能通过天官来打通关节。

我们过年时贴对子，一般会写“五福临门”，那“五福”究竟是什么呢？

“五福”这个词源自《尚书·洪范》，分别为：寿、富、康宁、攸好德、考终命。这五样全了，才是五福临门。可这几个词都是形容词，有没有很具体的指标呢？也有。寿者，命不夭折且福寿绵长；富者，钱财富足且地位尊贵；康宁者，身体健康且心灵安宁；攸好德者，宅心仁厚且乐善好施；考终命者，安详而逝且无病无痛。

简而言之，从生到死，从身体到灵魂，从物质文明到精神文明，全都妥帖，才是福的全部内涵。所以，从这个角度来看，人要的真是够多的。

民间还有另一个关于天官的传说。

明末崇祯年间，朝廷腐败，官员不思进取，骄奢成风。但是有个姓戚的官员不同流合污，非常清廉公正。于是，老百姓都称他为戚天官。

有一年，戚天官奉命去调查民情，发现泗州灾情严重，几乎颗粒无收。于是上奏皇帝，希望皇帝能够免掉泗州的税收。本来崇祯皇帝准备同意了，可是西宫娘娘却从中作梗，因此就没有批准。但是西宫娘娘对皇帝说，四川是她的家乡，希望皇帝免四川的税收三年，皇帝批准了。

戚天官一看，十分恼火。泗州遭受天灾，不准免征皇粮；四川连年丰收，却免税赈粮，哪有这个道理？一气之下，他冒着杀身之祸，竟提笔将“四川”二字巧添数点，把“免四川皇粮三年”变成“免泗州皇粮三年”，圣旨一下，泗州万民欢呼。这下可得罪了西宫娘娘，于是设局，说戚天官调戏她，惹得龙颜大怒，要斩戚天官。

戚天官回到天官府，立即安排好家小，要去服刑。家中老少不让他去，正说着，御林军已将府上团团围住，要缉捕他问罪，戚天官一口咬下朝服上的金纽扣，吞金而死。

消息传到泗州，万民悲愤，为悼念天官，百姓便在泗州城西北堆一土丘，称为“天官墓”。黎民都哭着说：“我们泗州黎民多亏天官赐福啊！”

从此，当地百姓每逢造新屋，都要在梁上贴上“天官赐福”的红纸条，祈求戚天官保佑。

所以，老百姓要求的真不多，只要能吃饱穿暖，就当作自己的福气，不管是天赐的还是人给的，老百姓都会记住，都会长久地纪念。

第 31 弹

管仲：青楼里的神仙

娼妓业历来一直是人们所不齿的，电视上，我们看到的青楼乃莺歌燕舞之地，大多跟颓废文人、纨绔子弟和刁钻老鸨的生活联系在一起，跟我们这些正经人似乎没半毛钱关系。但这个古老的行业之所以被人批判，又屡禁不止，除了普通人理解的肉体生意，应该还有其他神奇之处。

《诗经 · 周南 · 汉广》里有：“汉有游女，不可求思。”

《史记 · 货殖列传》里说：“今夫赵女郑姬，设形容，揳鸣琴，揄长袂，蹑利屣，目挑心招，出不远千里，不择老少者，奔富厚也。”

这里记载的，就是比较早期从事娼妓行业的女孩，长得好看，精于打扮，擅长歌舞，步履轻巧，无论老少，只要有钱就行。这些可能就是最早的私人性从业者，即私妓。

中国古代，除了私妓之外，还有营妓。

《吴越春秋》曰：“独女山者，诸寡妇女淫佚犯过，皆轮此山上。越王将伐吴，其士有忧思者，令游此山上，以喜其意。”[3] 意思是说，

---

[3] 本段内容在流传下来的《吴越春秋》中已佚，为《太平御览 · 卷四十七 · 独女山》引《吴越春秋》。

越王勾践让那些犯了错的寡妇来接待工作有压力的官员们，这样做可以让他们放松身心。用了一个“游”字，实在是生动极了。

但若提起国营的娼妓行业，不得不提的一个人就是名相管仲。

管仲，大家知道的可能就是他是齐国宰相，辅助齐桓公尊王攘夷，最终成就了齐桓公的春秋霸业。孔子曾称赞管仲：“微管仲，吾其被发左衽矣。”意思就是说，如果没有管仲，我们这些人早就被北方民族侵略了。

在民间，管仲是六十甲子里面的丙申太岁神，掌管丙申年的流年气运，和丙申年生人的一生运势。同时，他还是娼妓业之神，只不过这个名号可能是为齐桓公背锅。为了王上的霸业，管仲奉献了自己的才干，死后还要背锅，真算得上“鞠躬尽瘁，死而不已”了。

现在说娼妓，就算不歧视，也不能算是正当行业，毕竟违法。但在历史上，最初的娼妓本身说的是歌舞之女。春秋时期，由于妇女地位低下，自身权益经常得不到保护，所以，齐国率先对娼妓规范化，制定了相应制度。自此，妓女取得了合法地位，娼妓个人的人身与财产安全都得到一定保障。

据《战国策·周文君免士工师藉》记载：“齐桓公宫中七市，女闾七百，国人非之。管仲故为三归之家，以掩桓公非，自伤于民也？”

这是最早将管仲和“女闾”联系在一起的史料。我们可以看出，无论是“市”和“女闾”均为齐桓公所设，也并非来自管仲的建议。齐桓公设立了官妓，管仲为了减轻国人对领导的非议，才修建了三归之家，显示自己奢华，“以掩桓公非”。按照现在的话来说，就是管仲以自己的奢靡为靶子，制造了新的舆情，分化社会对齐桓公的质疑和诽谤。

直到清初，褚人获才在《坚瓠续集》中说：“管子治齐，置女闾七百，征其夜合之资，以充国用，此即教坊花粉钱之始也。”也就是说，到了明清时期，管仲设立官妓才成了普遍的说法。

那设立官妓是不是管仲的意愿或者想法呢？

《管子》一书，开篇便是：“国有四维。一维绝则倾，二维绝则危，三维绝则覆，四维绝则灭。……何谓四维？一曰礼，二曰义，三曰廉，四曰耻。”

管仲把礼义廉耻看得如此重要，关涉国家存亡，就算官妓赚钱以充国用，但毕竟不是什么好事。所以，即便不能就此否认管仲与娼妓业无关，但至少可以存疑。

同时，管仲是个实用主义者，更是位经济学家，他在《轻重》篇讲述了种种不扰民就能取得赋税的方法，并没有娼妓的可行性方案。再结合《管子》的开篇思想，我们可以推断管仲设立官妓的可能性不大。

相反，齐桓公在管仲死后昏招频出，骄奢淫逸宠信奸臣，以至奸人把持朝政，不许任何人进宫面王，更在桓公居住地外筑起高墙，不让人送吃的，春秋霸主齐桓公竟然被活活饿死，真是让人唏嘘。按照齐桓公的性格和执政能力，设立官妓这样的事情，也只有他能想得出来。

可为什么清朝人要把这顶帽子扣在管仲头上呢？

因为在明清时期，“为尊者讳”的思想已经深入人心，设立妓院这种事要是放在齐桓公身上，就有损君王的名声了。管仲自己说：“国必有诽誉，忠臣令诽在己。”本意是为了替齐桓公分谤，后人却直接把设立官妓的行为安在了管仲身上，让他彻底成为背锅侠。

于是，管仲就阴差阳错成了妓女的保护神。最晚在明朝，妓女拜管仲已蔚然成风。

纪晓岚《阅微草堂笔记》言：“百工技艺，各祠一神为祖：倡族祀管仲，以女闾三百也；伶人祀唐玄宗，以梨园子弟也。”可见，这件事就这么定了。

管仲被供奉在妓院里，本来的宰相形象也发生了变化。《中华全国风俗志》记载，以前妓女家门框上有一对联：“管仲爷一令情千古，白眉神再定意万般。”就是说，管仲成了白眉老神仙。

白眉神形象如同关公，只是眼红眉白。对此有两种说法：一种传说是说管仲年老，需要吃补药，虚火旺而眼红眉白；还有一种说法是明代谈迁《枣林杂俎·和集》引《花锁志》里的话，却换了个人——“白眉神即古洪涯先生也”。

据《有象列仙全传·洪崖先生》记载：“洪崖先生，或曰黄帝之臣伶伦也，得道仙去。”

妓院里祭拜管仲的方式也相当独特，叫“晨昏三叩首，早晚一炉香”。妓女在上香完毕后，会用小木棍或掸子杆敲击尿盆，嘴里祝祷“管仲，管仲”，认为这样可以多接客。不知道管仲地下有灵，会怎么想。

还有一套能多接客的仪式，祭祀管仲后，妓女把附近的小男孩抱进自己屋里，然后给小男孩好吃的，说“姨姨喜欢你”，再让男孩在床上蹦蹦跳跳，称为“踩屋子”。当然随着中华人民共和国成立，取缔娼妓业，这些仪式已经很少有人知道了。

《周礼·冬官考工记》载：“知者创物，巧者述之守之，世谓之工。百工之事，皆圣人之作也。”一切工艺都是圣人所做，为敬圣人祖师，各行各业都会祭拜自己的祖师爷。但唯有娼妓业的祖师爷，没做过这种事，却硬被人冒认，真是开了个天大的玩笑。

第32弹

千古文人渣男梦

宅男文化并不是起源于当代，也并不是只有当代宅男才有美好的性幻想，中国古代的神话鬼怪故事，至少有一小半都是宅男意淫出来的。大致都是，一个穷书生，基本上百无一用，却偏偏吸引鬼狐变身成的少女或妇人主动上门投怀送抱。

而且这些女鬼或者狐仙大都貌若天仙，知书达理，除了贴人还送钱，该消失的时候就消失，决不纠缠。千古文人侠客梦是表面的，千古文人渣男梦才是永恒的。

《玄中记》记载："狐五十岁能变化为妇人。百岁为美女，为神巫。或为丈夫与女人交接，能知千里外事，善蛊魅，使人迷惑失智。千岁即与天通，为天狐。"

自古以来，中国文化中的狐狸就不是普通动物，五十岁的老狐狸，就可以变身中年妇女，与人交合。百岁即可以化为美女，那肯定就是找才子。而到了千岁，就成了天狐，那估计就可以魅惑天上的神仙了。

蒲松龄的《聊斋志异》中，这样的故事非常多。除了女狐狸，还有女鬼、女仙，不管是什么，总之都会爱上寒窗苦读的宅男，投怀送抱，共度良宵。

而且这些女仙、女狐狸精、女鬼还特别痴情，不仅共度良宵，还会送给穷书生金银珠宝，即使无法做长久夫妻，还会想方设法给书生介绍大家闺秀为妻。这样的女性，简直是古今宅男心中的绝佳选择。

香港经典电影《倩女幽魂》里，宁采臣和聂小倩的凄美故事打动了很多人，每个男人都想有一个自己的聂小倩。那问题就来了，为什么都是女妖精跟穷书生的故事，却很少有男妖与大家闺秀的故事呢？答案很简单，因为故事是穷书生写的。

中国四大民间传说通常被认为是“牛郎织女”“白蛇传”“梁山伯与祝英台”“沉香救母”，四个故事里有三个都是肤白貌美的女仙或女妖死心塌地爱上穷小子，还至死不渝的故事。就像一个城中村租房少年，被亿万身家的白富美疯狂追求，这在一向男权至上的中国社会，必然深受欢迎。

且不说古典小说，就是金庸的武侠小说里，黄蓉爱上笨蛋郭靖，赵敏爱上懦弱的张无忌，小龙女爱上野小子杨过，同样也是套用了这个模式。

这种模式套多了，不免让人想来点儿新鲜的。在纪晓岚的《阅微草堂笔记》里，就有一个男妖精找穷书生的故事。

有个穷书生进京赶考，在一座寺庙里租了间房子寒窗苦读。住进去后，房子发生了很奇妙的变化，每天一起床，屋子就被打扫干净了，瓶子上也插着鲜花，笔墨纸砚都会给他准备好。这位穷书生就想了，这到底是谁干的呢？

他想起有很多女狐狸精专门爱找赶考的书生共度良宵，忍不住心怀激动，觉得自己的春天来了，自己一直梦寐以求的那种容颜好、会暖床、不粘人、送财宝的女狐狸精终于来了。他盼望来一场宁采臣与聂小倩式的惊天动地的爱情。

于是到了晚上，他就悄悄躲在窗户底下，挖开窗户纸，想看看自己的佳人到底长得什么样。等到半夜，果然听到屋内传出声音，他顺着窗户破洞看过去，发现果真有人在帮他收拾屋子。再仔细一看，竟然不是二八佳人，而是一个长满络腮胡的壮汉。

这家伙把他吓得第二天赶紧搬到别的地方去了，搬家过后，还有人在这间屋子里听到了莫名其妙的叹息声。

所以说，不是没有男狐狸精，是这种故事普通宅男接受不了，他们希望的是肤白貌美的女妖精，而不是络腮胡的男妖怪。

之所以很少见男妖怪找良家妇女的事，是因为这种事在古代算不上美好的爱情故事，一旦发生了，主家就要找道士来抓淫乱人间的妖怪了。《西游记》里，猪八戒找了高小姐，高太公马上就到处找道士和尚降妖除魔。

《聊斋异志》载："五通青蛙，惑俗已久，遂至任其淫乱，无人敢私议一语，万生真天下之快人也。"

五通神善淫人妻女，民间视之为邪神，这是要遭人唾弃和非议的。

在男女不平等的社会里，女性和妖精的爱情都被视作如五通神一般，不叫爱情叫淫乱，而且要写成女性被妖怪迷惑，强迫发生关系，才符合正统道德。

所以，就是我们开头说的，千古文人渣男梦。知识分子们既想自己在外面乱搞男女关系，又希望女性能贞洁自好，又担心"淫人妻女者，妻女必被人所淫"这种报应，所以就编造女鬼、女仙、女妖精出来，既能满足自己的欲望，又不用担心破坏封建道德规范。

真是做梦娶媳妇——想得美。

第33弹

谁在太岁头上动了土?

“你竟敢在太岁头上动土！”电视剧里，这样的台词通常都是从纨绔子弟嘴里喊出来的，可是他每每遇到的都是大侠，于是就被胖揍一顿。似乎在太岁头上动土，也不能咋地，但在神话传说里，敢在太岁头上动土的人一般不会有好下场。

唐代《酉阳杂俎·支诺皋中》记载：

> （王丰）不信方位所忌，常于太岁上掘坑，见一肉块，大如斗，蠕蠕而动，遂填。其肉随填而出，丰惧，弃之。经宿，长塞于庭。丰兄弟奴婢数日内悉暴卒，唯一女存焉。

看见没，敢在太岁头上挖坑，一家人都暴死了。这种带有恐吓性质的传说，真是让人不寒而栗。那太岁究竟是怎样一种存在呢？

战国时，有种纪年的方式叫“岁星纪年”。这个岁星，说的就是木星。以木星公转划分年度，12年一个循环。但这个木星跑得有点儿快，运行周期为11.86年，每隔84至87年就会超辰一次。为了避免超辰的问题，我们的先人就假设了一个和木星相对的天体，就是太岁。

由于木星（岁星）是由西向东运行，与黄道十二宫的运行方向正好相反，我们的先人设计的这个太岁星与木星背道而驰，正好与黄道十二宫的运行顺序保持一致。

太岁星是虚拟的，所以其方位便被神秘化，虽然后来太岁纪年法被天干地支纪年法所替代，但太岁头上不能动土的说法深入人心，于是太岁星就成了人类的忌讳。

天干地支纪年也继承了太岁纪年的一些元素，比如犯太岁的说法。在天干地支纪年里，流年变化使得五行之气流转，地支之间产生刑冲克害，会对不同生肖产生不同影响。这种影响反映到人身上，就是运势变化，负面的影响就是犯太岁。

简单来说，值太岁，又叫本命年，是指自己的出生年生肖与流年所属生肖相同。就是今年轮到你的生肖地支来值班，你说撞上值班这个倒霉催的事儿，能有好运吗？所以当遇到冲犯太岁的时候，要恳请太岁神庇护，来化解流年不利的危局。

六十太岁神里面，有很多我们熟悉的人物，比如甲子太岁金辨大将军、丙子太岁郭嘉大将军、丙申太岁管仲大将军、甲辰太岁李诚大将军、癸亥太岁虞程大将军等诸多太岁神，这些太岁神要么是义士，要么是善人，要么是清官，所以老厉害了。

中国传统文化里，还有星斗崇拜，对应每个人生辰的是北斗七星，与太岁神文化相结合，构成了完整的太岁神祈福文化。北斗星其实有九颗，五代徐铉《步虚词》有诗曰：“整服乘三素，旋纲蹑九星。”九星分别为：贪狼、巨门、禄存、文曲、廉贞、武曲、破军、左辅、右弼。也有另外一套名字：天枢星、天璇星、天玑星、天权星、玉衡星、闿阳星、摇光星、洞明星、隐元星。

但是其中的两颗星普通人肉眼凡胎看不见，所以为七显二隐之状，故民间多称之为北斗七星。在恳请太岁神庇护时，实际上是礼拜北斗而成。

近些年，有人从田间地头挖出一种不明生物体，附会为太岁，说是吃了可以包治百病或者长生不老，其实跟太岁神和太岁星没有任何关系。

《本草纲目 · 菜部 · 芝》载："肉芝，状如肉，附于大石，头尾具有，乃生物也。"现代科学家认为，肉灵芝只是一种大型黏菌复合体，是否真的具有药用价值，难以判断。

这么一说就明白了。不敢在太岁头上动土的太岁，是"太岁星"，庇佑世人的是"太岁神"，而地里挖出来的"太岁"，不过是类似肉灵芝的黏菌复合体，你非要叫太岁也可以，叫太阳也行，高兴就好。

第 34 弹

创业者徐福和投资人秦始皇

老话说得好，听书听扣，听戏听轴。如果一个人总能把话说到你的心坎里，你是不是有种相见恨晚的知音之感？

秦始皇横扫六国后，天下归一，最担心的和孙悟空在水帘洞里看见猴子老死后的忧虑差不多——怕死，常有生年不满百之慨叹。说者有心，听者也有意，恰好手底下就有这么一个方士，名叫徐福，他声称海上有三座仙岛，岛上有仙人，个个都长生不老，因为他们吃了长生不死之药。他愿意为秦王去那里取来不死之药，助始皇帝万寿无疆。

我要是秦始皇我就这么想：虽然有点扯，但理想还是要有的，万一实现了呢？反正就是风险投资，亏了也无所谓，但赢了自己就赚大了。这么一盘算，就准了。

《史记 · 秦始皇本纪》载：

> （始皇二十八年，即前 219 年）齐人徐市（即徐福）等上书，言海中有三神山，名曰蓬莱、方丈、瀛洲，仙人居之。请得斋戒，与童男女求之。于是遣徐市发童男女数千人，入海求仙人。

既然皇帝准了，那经费就不缺了。于是，这个为始皇帝求取长生不老之药的豪华团就浩浩荡荡上路了。但势大没文化，这群人一入海就懵圈了，连东南西北都分不清，在海上漂来漂去漂了很久，不说仙山，毛都没见到一根，那就回去吧。

回来之后，徐福不好交差，就撒了个弥天大谎，给始皇帝说在海上遇见大鱼阻拦，所以没办法去仙山，请求配备强弩射手再次出海。

秦始皇想，反正天使轮也投了，那A轮不跟投就亏大了。于是再次给钱给人，派徐福出海。于是，创业者徐福率“童男童女三千人”和“百工”，携带“五谷子种”，乘船泛海东渡，成为迄今有史记载的东渡第一人。

《史记 · 淮南衡山列传》载：“（秦始皇）遣振男女三千人，资之五谷种种百工而行。徐福得平原广泽，止王不来。”

什么意思呢？徐福带着秦始皇给的钱和人，去了一个“平原广泽”的地方，自己称王，不回来了。用现在的说法，叫携款跑路了。

这下可好，豪华团再也不回来了。那徐福究竟去了哪里呢？

日本史书《甲斐国志》里说，徐福去了日本改名羽田。五代时期的义楚和尚与日本弘顺和尚交往密切，就在《释氏六帖 · 国城州市部 · 日本国》里记载，徐福住在日本富士山附近，子孙都姓秦。

徐福去了日本的说法也广为流传，那么老徐到底有没有去日本呢？咱们翻翻书。

《海内十洲记》载：

> 祖洲，近在东海之中，地方五百里，去西岸七万里。上有不死之草……有司闻奏，始皇遣使者赍草以问北郭鬼谷先生……

瀛洲在东海中，地方四千里，大抵是对会稽，去西岸七十万里……

秦始皇派徐福出海，寻找的正是神仙住的祖州和瀛洲，而它们的方位都是在东海，中国人也习惯把日本列岛称为东瀛。空穴来风，必定有因。

为什么徐福要拼命出海呢？我们来看看当时的形式。

始皇帝一统天下之后，面对一团乱麻的天下，准备来个大项目：焚书坑儒。作为方士的徐福，肯定也在被坑之列。于是借着始皇帝欲求长生这个梗，跑出去给自己谋一条生路。

可以想象，第二次出海的徐福，是在一种怎样的恐惧之中，前途茫茫不可知，而回去的路已被堵死。怎么办？只能拼命向前而行，居然在茫茫大海上鬼使神差找到一片广袤的土地，上面的人还处于原始状态，毫无抵抗力。真是谢天谢地，祖上有德，赶紧住下来，生息繁衍，就地称王。

不管徐福是不是真的到了日本，反正至今日本新宫有徐福的墓葬，还有1071字的墓碑。新宫市内有“徐福天台乌药”“徐福寿司”“徐福酒”等打着徐福商标的商品出售。在速玉神社里，还陈列着据说是徐福所用过的鞍、蹬等物。

新宫蓬莱山内还有“徐福神龛”，被称为“徐福之宫”。每年都有“御船祭”“灯祭”等，都是祭祀徐福的活动。

中日文化一衣带水，按道理徐福在日本如此受尊重，在中国的待遇也不该太低才对。可事实上，徐福在中国并没有什么影响力，大多数人只是在说起秦始皇时，才把徐福当八卦提及，最多只是在小说里虚构他的故事。

不管如何，这个得到了始皇帝风投的创业者，靠着自己的能力，躲过了焚书坑儒，也算是一种成功吧。

第35弹

神仙也有七情六欲

在民间，除了观世音菩萨，老百姓最亲近的神仙，差不多就是吕洞宾了。关于他的故事有很多，三戏白牡丹、八仙过海、江淮斩蛟、岳阳弄鹤等等。

吕洞宾是历史上真实存在过的人，据说他生于唐朝贞元十四年（798年），山西人，十岁能文，十五岁能武，精通百家。他在宝历年间中过进士，还当过地方官吏，因厌倦官场生活，将千金散尽，弃官出走，抛却人间富贵，与妻子一起上了中条山修行。后来遇到仙人汉钟离，拜其为师，道号纯阳子。道成之后，普度众生，被尊为天下剑仙之首，尊称吕祖。

吕洞宾兴趣广泛，博览群书，勤于著书，不仅是全真派祖师，还是一位诗人。

在民间传说里，吕洞宾是个游戏红尘、携剑而行，上度帝王、下度乞丐的逍遥人物，是道教中的剑仙、酒仙、诗仙、逍遥仙，总之不像平常神仙那么宝相庄严。

可对市井百姓来说，吕洞宾的诗词或形象都不重要，大家津津乐道的，却是他三戏白牡丹的故事。仙风道骨的神仙和滚滚红尘中的娼妓，两者交融在一起，既把神仙拉入凡尘，又让娼妓附上神仙。可以说其中的禁忌元素，让这个故事有了极大的张力。

故事有很多版本，但剧情大致如下：

> 洞宾……一日游至洛阳，见一女子游玩而至，年方二八，轻盈秀雅，窈窕妖娆，眼含秋波，眉如新月……不觉心动，那女子露朱唇以答礼，启皓齿以陈词，更兼洞宾少年美貌，天称其心……俄尔酒至，对饮剧欢……醉而就寝……洞宾以久恋风尘，恐道友知觉，乃托言欲归。牡丹极留之，至涕泣不忍舍。洞宾乃为之约而去。

简单点儿说就是吕洞宾游洛阳，遇到一绝色女子，不觉心动，询问得知其为洛阳名妓白牡丹，于是化为风流才子，与白牡丹醉饮同眠，最终不舍离去。

对于老百姓来说，把吕洞宾拉到娼妓身上，是一大乐事，如此这般，让神仙也跟人一样有七情六欲，也贪恋女色，再附会上房事的夸张描写，自然引人入胜。

后世对白牡丹的演绎也层见叠出，有的说吕洞宾是为了点化白牡丹成仙，才与她同床共枕；有的说白牡丹是王母娘娘的牡丹仙子，与吕洞宾有三世姻缘，一切都是上天的因缘际会。当然这些大多是为了使故事显得更具有合理性，但从本质上说，神仙与妓女交往的强烈冲击，才是故事能流传的根本原因。

类似这种充满红尘气息的吕祖故事还有很多，比如明代的神仙题材畅销小说，就像今天的网络修真小说一样深受市井百姓喜欢的《东游记》，就讲述了这么一段故事——有仙人郑思远，与太上施真人来见吕洞宾和汉钟离，见后夸赞吕祖“形清神在，目秀精全，真心学道也。”而后仙人持金简玉符告诉汉钟离：“上帝用汝为九重金阙上仙，当即行。”于是汉钟离告诉吕洞宾：“我这就奉玉皇大帝的诏书走了，你要在人间好好修行，以后当如我。”但洞宾再拜说：“我的志向异于先生，必须度尽天下众生，方愿上界也。”

随后就发生了吕洞宾为还酒钱，在武汉的酒楼画鹤还债，留下“昔人已乘黄鹤去，此地空余黄鹤楼。黄鹤一去不复返，白云千载空悠悠”的佳话。

后来吕洞宾又在洛阳邂逅白牡丹，与其云雨，点化其成仙。再后来，吕洞宾在岳阳卖油，留下“朝游北海暮苍梧，袖里青蛇胆气粗。三醉岳阳人不识，朗吟飞过洞庭湖”的诗篇，飘然而去。这就是吕洞宾在成仙之前，经历的所谓人间酒、色、财、气四大劫。

中国人一向认为，不阅尽人世沧桑，无法得道成仙，不经历风雨，无法见彩虹。按照《东游记》的设定，吕洞宾是个异数，按照修炼的术语，是“神在精全之人”。

什么意思呢？就是说他出生之后，简直是一张白纸，从来没有经历过酒、色、财、气，正因如此，他才有了修仙的志向。可是在成仙之前，如果没有经历红尘，不懂人间疾苦，是不行的，必须得遵循“得到了才懂得放下”的普遍原则，经此四劫，再成仙才顺理成章。这其实就是中国人一向说的“吃得苦中苦，方为人上人”，放在神仙身上，也同样合适。

吕洞宾由人到仙，由仙封神，可以说是中国民间神话里最具代表性的人物。他逍遥而不失庄重，游戏却不放荡，酒色沾身而无有挂碍，携剑长行却以慈悲度世，简直就是老百姓心目中最理想的神仙范本。

第36弹

不是谁都能修仙

在中国的神话体系里，除了上古圣王黄帝之外，先秦之后帝王几乎没有成仙得道的。但在帝王之外，各个阶层，各种身份，各样职业的人都能成仙。比如老子是周王室图书管理员、关羽是三国时期武将、孙思邈是唐代医生、吕洞宾是唐代书生、妈祖是海边渔女等等。按照常理来说，皇帝掌管天下，掌控了最多的资源，要成仙也应该皇帝先成仙啊。而且从古至今，很多皇帝都有成仙的欲望，秦皇汉武四处寻仙问道，成吉思汗也找丘处机问长生，可是从始至终，没有一个成为神仙，甚至都没有一个皇帝长寿过百岁，这是为什么呢？

其实在上古时期，人神不分，女娲、伏羲、三皇五帝等人，既是部落的首领，又是行走在人间的神灵，代表上天的旨意行使神权。政权和神权统一体现在天下共主身上，他们同时具备神性与人性，说是凡人又不是凡人，说是神灵又离不开凡人之身。

即使在夏商周时期，国家的政权和神权也基本是统一的，此时的帝王仍然有很大的神性，比如我们熟悉的周穆王西行见西王母，就是最直接的体现。帝王具有神人的身份，可以与神灵平等对话。

到了春秋战国时期，周王室衰落，无论神权还是王权，都受到了一定的质疑。同时，诸侯国之间的轮流争霸称雄，重视人才的培养和运用，百家争鸣，人性得到了极大的释放。人性变强则神性减弱，这是个必然规律。

楚庄王问鼎是春秋战国时期的标志性事件，代表了地方政权对天子王权的觊觎。天子九鼎代表了神权与王权的统一，一旦诸侯国有了觊觎之心，说明神权已经开始旁落，人间就有了王权的争夺。到了战国时期，神权与王权彻底分离，帝王已经失去了神人的身份，不再被神话，没有了神灵的属性，只是政权的代表，行天子之职。

直到秦始皇统一天下，自称为始皇帝，帝王彻底被剥夺了神权。秦始皇派人在海外求取不死药，说明神权已经旁落民间，普通人开始有了封神成仙的机会，类似于立功、立德、立言，均可封神成仙，不再为帝王家所垄断。

当然，即便神权旁落，帝王不再是神灵，但从古至今帝王都号称天子，意思就是我统治天下不是为了一己之私，而是代表上天，为了人间的正常运转而行使权力。所以，在长达两千年的封建社会里，皇帝无论明君、昏君还是暴君，从来都号称跟老百姓是一伙的。我们通常说“普天之下，莫非王土”，这个王其实并不是指哪个人。董仲舒说，古代造字的人，把三横用一竖连通在一起称为王，三横代表了天、地、人，连通这三者的人，就是王。

也就是说君王执政，其实是为天、地、人而执政，其权力不是为了实现个人的目的，而是为了天下万民，说法极其堂皇。能做这件事情的人，当然是有大担当的人，是不会抛下百姓不管，自己去逍遥成仙的人。所以，即便是神仙，对人间的王者也不会不尊重。《封神演义》的起源就是商纣王对女娲娘娘出言不逊，按我们的理解，像女娲这种上古大神，随便吹口气，纣王就灰飞烟灭了，可为什么还要派九尾狐装扮成妲己来祸害人间呢？

因为人间有人间的规则，即使要推翻纣王，也得依照人间王朝更替的规律来进行，否则就要出乱子。即便如此，还是有别的神仙不同意灭商，派人支持纣王，这才有了封神大战。要是随便来个神仙就干掉皇帝，那人间就永无宁日了。

由此我们可以看出，执政者本身就已经代表了天道，不管他干得好不好，这是人品和能力问题，但天子之权是天授的，王朝更替是人间的事，神仙不得随便干涉。而且，不让皇帝长生不老，在某种程度上，也算一种权力的制约，你的任期大不过你的寿命。如果你干得不好，那寿命终结，权力自然就结束了。这是君权天授的另一重含义。

你想想，如果秦始皇真的长生不老了，那中国人还有活路吗？所以上天让他在该生的时候生，完成使命后，该死的时候就死。让秦帝国只传了两代就灭亡了。

人间帝王，享受万民朝拜和景仰，敬天爱民，在三界之中管理一界，虽然时间短了点儿，最长也就几十年，但其地位之尊贵，一呼百应之快感，不是普通神仙能比得上的。

如果你真想成仙，那就放弃帝王之位，去刻苦修行，没准儿还能有所成。但事实上，没有帝王愿意做这样的选择，哪怕是几十年不上朝，专心炼丹修行的嘉靖帝。

第 37 弹

姜子牙是无神论者

厕所有个雅称，叫五谷轮回之所。北方过年时，祭拜完天地神灵、祖宗先人后，还要到厕所里上香祭拜，才算完成了整个仪式。

民间传说，当年姜太公封神，封完诸天神灵，神位编制用完了，这才发现忘记封自己了。于是，众神就与他约定，姜子牙巡游天下，到谁的地盘，就把自己的位置让出来给姜子牙。

但是到了过年的时候，香火最旺，谁也不愿意让出自己的位置。姜子牙没有地方去，只能到厕所里待着。老百姓当然不能忘记姜子牙的功绩，就在过年时，到厕所里给姜子牙上香祭拜，不让这个舍己为人的大神受到冷落。

无论民间传说还是演义故事，姜子牙封神的传说深入人心。在老百姓眼里，姜子牙辅助周武王讨伐商纣王，一手掌控封神权力，应该是超越众神的存在。但历史的真相往往与传说大相径庭，掌控封神大权的姜子牙，不但没有拿到封神榜，还可能是中国最早的无神论者。

1972 年 4 月，山东临沂银雀山西汉古墓中发现了大批竹简，其中就有《太公兵法》一书。历史上，此书曾经被认定为伪书，但银雀山古墓出土的实物证实了其真实性。其中记载了一个故事，让我们对姜子牙有了更多的了解。

> 武王伐纣，师至汜水牛头山，风甚雷疾，鼓旗毁折，王之骖乘惶震而死。

武王伐纣时，到了牛头山，遭遇狂风骤雨，雷鸣闪电，旗鼓毁折，武王的骖乘惊吓而死。骖乘就是在战车旁保卫武王的人。在骖乘看来，这样的天象意味着上天不高兴，是大凶之象，惊恐交加，就被吓死了。对于古人来说，武王伐纣意味着逆天之举，才有如此可怕的天象。

这么一来，所有人都被吓住了，包括可以解梦的周公和带头大哥武王，他们都惊疑不定，踌躇不前。

这时候，姜子牙站出来说："打仗这个事情嘛，本来就是人间的事，顺天道未必吉，逆之未必凶，但如果一旦做事不对，让士气落了，就一定会输！而且天道鬼神这些东西，看不到，也听不到，不用太在意。"于是他命令全军继续前进。

但是周公提出了反对意见："现在这个时间，正好冲犯太岁，我用龟甲卜筮占卜都是不吉之相，连天象都显示有灾，我们还是退回去吧。"

姜太公一听这个话，就火冒三丈说："都到这个节骨眼儿上了，让我退兵，老少爷们，削了他！"啊——不好意思，拿错台词了，应该是太公怒曰："今纣刳比干，囚箕子，以飞廉为政，伐之有何不可。枯草朽骨，安所知乎？"

他说，纣王无道，把自己叔叔比干杀了，把箕子囚禁了，推翻他有问题吗？你那些算命的龟甲蓍草，都是些枯草朽骨，怎么可能知道人间的大事。

于是他用火烧了占卜用的道具，率先带军过河，武王听了姜太公的话，继续前进，于是灭纣成功。

由此可见，姜太公不畏惧神灵，不让自己被龟甲占卜的枯草朽骨所束缚，信己不信命，这才得以讨伐商纣王成功。

可当故事在民间流传时，姜太公不畏惧神灵，说明他比神灵更厉害，便虚构他拥有一把打神鞭，可以惩罚神灵。这种精神传承后世，人们认为姜太公有德，以至于神灵都尊重他，不敢侵犯。于是，民间就有了“姜太公在此”的镇邪令牌，大意就是姜太公在此坐镇，一切妖魔鬼怪都不要来找麻烦。加之经过后来的演义与传说，姜子牙的神性就越来越重了。

《史记·封禅书》中已有姜太公封神的明确记载：“八神将自古而有之，或曰太公以来作之。”

秦始皇曾经封禅泰山，封八神。《史记》中认为八神的说法古已有之，可能就是姜太公当年首先倡议的，这已经是正史里面的记录了。有了正史背书，再经过《博物志》《搜神记》《列仙传》《拾遗记》等历朝历代志怪小说的演绎，姜子牙由一个凡人，逐渐变成一个超越神人之所在。

《太平广记·神·四海神》里这样一段故事：

武王伐纣，都洛邑。明年阴寒，雨雪十余日，深丈余。甲子平旦，五丈夫乘马车，从两骑，止王门外。师尚父使人持一器粥出曰：“大夫在内，方对天子。未有出时，且进热粥，以知寒。”粥皆毕，师尚父曰：“客可见矣。五车两骑，四海之神，与河伯、风伯、雨师耳。南海之神曰祝融，东海之神曰勾芒，北海之神曰颛顼，西海之神曰蓐收。河伯、风伯、雨师，请使谒者。各以其名召之。”武王乃于殿上，谒者于殿下门内，引祝融进。五神皆惊，相视而叹。祝融等皆拜。武王曰：“天阴乃远来，何以教之？”皆曰：“天伐殷立周，谨来授命。”顾敕风伯、雨师，各使奉其职也。

故事讲的是武王伐纣期间，四海神与河伯、风伯、雨师来寻求周天子受封，姜子牙招待众神喝粥的事。《太平广记》成书于宋代，那时已经出现了神灵请求周武王册封的故事，为后世《封神演义》提供了直接的理论来源与思路。《封神演义》彻底神化了姜子牙，也完成了对他的形象塑造。

从中国最早的无神论者，到掌控封神权的大神级存在，姜子牙的故事告诉我们：神不是某个人封的，而是老百姓集体封的，想让你当，你不愿意都不行，让你当多大，就得当多大，毕竟历史是由人民创造的。

第 38 弹

蔬菜你也想成精?

中国的神话鬼怪故事里，动物成精很常见，有狐狸精、兔子精、蛇精、虎精、鲤鱼精、螃蟹精、老鼠精等等。植物成精也不少，柳树精、松树精、人参精、荷花精等等。甚至石头都可以成精，孙悟空不就是个先天石猴吗?

但我们很少听说蔬菜能够成精，比如说白菜精、茄子精、土豆精、菜花精等，哪怕有个葫芦娃，人家也不是蔬菜，更不属于古代神话体系。之所以产生这样的情况，是因为成精也要遵照基本法。成仙基本法有五条，蔬菜明显都不符合。

成精法门之第一条：老不死。

人老而不死是为贼，动物老而不死便成精。即使是超出物种本身固有的寿命定数，也是超脱之一种。所以我们经常见到的那些成精的都是老而不死的。

《玄中记》说："千岁树精为青羊，万岁树精为青牛。"民间很多年龄特别长的树，自然而然就会成为树神之类的存在。如果你没有别的本事，笨成一棵树，只要你让自己活得比别人时间更长，就是一种资本，就可能成精。

所以，活得长才有成精的希望，可是蔬菜多是一年生草本植物，不具备成精的基本条件。如果说茄子要成精，上午刚有了念头，下午就可能跟豆角炒在一起被端上桌子。其他土豆、白菜、胡萝卜大致如此，想成精太难，先得过“吃”劫。

成精法门之第二条：嗑药。

嗑药是成精的终南捷径，有个版本的《白蛇传》是这样写的：

仙人吕洞宾想度化许仙，就把仙丹化作汤圆摆摊来卖。许仙吃了一颗，回家之后发现自己吃不下别的东西了，就觉得卖汤圆的小贩肯定是个奸商，卖的汤圆肯定有质量问题。吕洞宾知道后很生气，觉得此人毫无仙缘，就把他倒挂在西湖的断桥上，让他吐出了汤圆。汤圆落水，水中一只老乌龟和一条白蛇争抢仙丹，结果被白蛇抢到，凭空长了五百年的功力。那只乌龟就怀恨在心，后来就化作了法海。

嗑药认准吕洞宾，成精迅速效果快。类似的还有神仙吃剩下的果子或美酒掉落凡间，被动物吃了成精的故事。动物有抢夺的能力，在这方面比植物具有优势。就算神仙想尿尿，也可能会找一棵树，但绝不会跑人家菜园子里尿。蔬菜想嗑药实在是太难了。

成精法门之第三条：读书。

人丑就要多读书，不仅人读书可以蜕变，妖怪读书也可以蜕变，没文化连做妖精都不行。中国的志怪小说中，很多妖精都是有文化的，读书多了，连书虫都能成精。

《聊斋志异》中有篇《素秋》的故事：书生余谨庵，遇一少年，惺惺相惜，结为昆仲。后少年应试举人不中，抑郁而死，遗下一弱妹素秋。谨庵待素秋如亲妹子，先后嫁之两家，后素秋离去仙隐。兄妹二人皆蠹鱼成精，也就是“书虫”。

古人认为，万般皆下品，唯有读书高。知识改变命运，读书可以明事理开智慧，是成精的一条捷径。不仅能改变人的命运，还可以改变妖的命运。蔬菜怎么读书呢？还真是想不来，所以这条路也给堵死了。

成精法门之第四条：害人。

妖精有好有坏，有的妖精想快点儿修成正果，就会化作美人，勾搭少男少女，吸其元气，加速自身成精的过程。古代东北所谓仙家，很多传说就是精怪附体在人身上，通过控制人吃它喜欢吃的东西补充能量。比如被黄鼠狼附身的人，就会变得喜欢吃鸡。《西游记》中也有白骨精，靠吸人的元气成精。

而对于蔬菜来说，害人这一条就不用想了，别说吸人元气了，所有的蔬菜都是被人吃的，这也是蔬菜存在的最大价值。

成精法门之第五条：听经。

成精还有一个途径，就是听经。电影《大话西游》里的青霞与紫霞，因为天天听如来佛讲经，年长日久有了灵性。那些长在道观佛寺的树木花草，经年累月听道士和尚诵经，渐渐就开了灵智，一边护卫正法，一边听经修行，也就有了成精的机会。

那蔬菜为什么不能听经成精呢？我们可以注意到，那些成精的植物基本都是多年生木本植物，它们可以作为景观树，种在殿堂周围装饰。但谁没事儿会去菜园子念经呢？所以，蔬菜成精的最后一条通道，也被封死了。

不过现实社会还是为蔬菜成精提供了一些条件，譬如农药啊、助长素啊之类的玩意儿，可以让冬瓜、西葫芦一个月长出三个月的个子。说不定哪天，蔬菜经过催熟，掌握诸般法门，只是在成精的关键时刻遇到了一个好厨子。这一劫，是无论如何也躲不过去的。

第39弹

月亮是被谁吃了?

小时候一见月食，我就提着个破铜锣边敲边喊，想把天狗吓跑，每次都未果。只好取个水盆，屏住呼吸看天狗是怎么一点一点把月亮吞掉的。

其实最早吃月亮的并不是天狗，而是蛤蟆。

《史记·龟策列传》记载孔子说：“月为刑而相佐，见食于虾蟆。”

《淮南子·说林训》也说：“月照天下，蚀于詹诸。”

这里的“虾蟆”“詹诸”说的就是蟾蜍，也就是癞蛤蟆。别看癞蛤蟆长得丑，可是它却大有来头。

东汉张衡在《灵宪》中说：“羿请无死之药于西王母，姮娥窃之以奔月……遂托身于月，是为蟾蜍。”

羿跟西王母求到了不死之药，却被老婆嫦娥（姮娥）偷吃。嫦娥吃了之后就奔向月亮，变成一只蛤蟆，成为月亮的主宰。所以古人说月亮上有桂树，也有癞蛤蟆……

这么说来，其实月亮上的蛤蟆就是嫦娥本人，不知道猪八戒知道了会怎么想?

当然以我们现代人的审美来说，蟾蜍的确长得不怎么样，但在古代，它可是吉祥的象征，代表了太阴星君，也就是嫦娥。而寄托了我们无限向往的月宫，也叫蟾宫。诗仙李白的《古朗月行》里就有对月食的描写：“蟾蜍蚀圆影，大明夜已残。羿昔落九乌，天人清且安。”

马王堆汉墓出土的帛画里，月亮上有两只动物，一只是蟾蜍，一只是兔子，所以金蟾玉兔历来就是月亮的象征。宋代吴曾在其著作《能改斋漫录》中说：“虾蟆蚀月乌蚀日。”直到晚清时期，还有诗曰：“蟾蜍蚀尽瑶台月，对舞时闻凤鸾泣。”

一个“蚀”字，极其形象生动。那么古人有没有可能知道月食形成的真实原因呢？

在现代人的印象里，中国古代对宇宙的认知就是“天圆地方”，其实并不尽然。古代先贤认为，天圆地方仅仅是为了方便向普通人描绘世界的运行而已，并不是宇宙的真实模样。《大戴礼记·曾子天圆》说：“如诚天圆而地方，则是四角之不掩也。”卢辩为之注解曰：“道曰方圆耳，非形也。”

东汉发明地动仪的科学家张衡在《浑天仪图注》里介绍了天地雏形：

> 浑天如鸡子。天体圆如弹丸，地如鸡中黄，孤居于内，天大而地小。天表里有水。天之包地，犹壳之裹黄。天地各乘气而立，载水而浮。周天三百六十五度又四分之一……天转如毂之运也，周旋无端，其形浑浑，故曰浑天也。

虽然粗糙了些，但大致不差。

而在《灵宪》中，张衡更是精确说出了月食的成因：“月，光生于日之所照；魄生于日之所蔽。当日则光盈，就日则光尽也。众星被耀，因水转光。当日之冲，光常不合者，蔽于地也，是谓暗虚。在星星微，月过则食。”

现代学者认为中国古代没有科学，可是汉代张衡已经准确写明了月食的形成原因。而在张衡之前，已经有关于月亮的准确描述，《周髀算经》里就有“日兆（通‘照’）月，月光乃出，故成明月”的说法。

正是因为对月食的认识和古代科学，虾蟆蚀月一直占据主流。那么天狗吞月的传说是怎么来的呢？

佛教经典《百喻经》有一个故事，说是阿修罗王看到日月之光明净，就用手遮挡它们。没有智慧的俗人就以为是天狗吞了日月，然后就去打狗。佛教目连救母的故事是中国古代著名的孝义戏剧，人尽皆知，在故事里，目连的母亲曾化为天狗吞月。

随着佛教在中国影响的深入，明代刘炳所作《承承堂为洪善初题》里开始出现“天狗蚀月岁靖康，血战于野龙玄黄”的句子。民间也有“天狗蚀月”的谚语。鉴于佛教的广泛传播及古代文化的断层，在普通人的口口相传中，天狗吞月就占据了主流地位。

其实无论是蟾蜍蚀月，还是天狗吞月，都是古人面对一种无法理解的自然现象时，充分发挥想象力给出的解释。这种解释未必科学，但很形象，很有趣味，也由此衍生出许多好玩儿的故事。

我们现在是知道了很多天文地理知识，但这些知识也限制了我们的想象力。比如知道了月球是怎么回事的孩子们，就再也不相信月亮上会有金蟾、玉兔、嫦娥和月桂树了。

第 40 弹

跳不过龙门的鲤鱼干了什么?

中国人相信命运，把命运当作一个词，但其实命是命，运归运。命是既定的个体属性，而运是反映命在某一阶段和时期的变化趋势，是一个过程。

所以，在命数写定的情况下，人们便希望通过改变运，让命数发生变化。网络时代，转发锦鲤图片也成了改运的一种方式，经常见有人在朋友圈或者微博转发红彤彤的大鲤鱼。那转锦鲤真的会有好运吗?

在中国传统文化中，锦鲤本身就是一种吉祥的动物，一则因为古代有鱼吃、有肉吃是生活富足的象征，另一方面锦鲤的颜色看起来非常吉庆。

宋代诗人陆游在《鲤鱼行》中这样描写:“鲤鱼财三尺，浅水不覆脊;虽怀江湖乐，已叹刀几赤。”在那时候，鲤鱼已经与财富联系在一起了，转发锦鲤得好运，在爱国大诗人陆游眼里也都是正常的。

金色的鲤鱼自古被认为与龙有近亲关系，同时深具灵性，在很久以前，古人认为蛇和鱼是可以互相转化的。《山海经 · 大荒西经》里有“风道北来，天乃大水泉，蛇乃化为鱼，是为鱼妇”的说法。而到了后来，经过民间演绎，鱼和龙也有了转化的可能。

《说岳全传》中有一句诗："金鳞岂是池中物，一遇风云便化龙。"说明鲤鱼是可以转化为龙的。那怎么转化呢？就是大家熟知的跳龙门。

龙门在哪里？在山西省河津市禹门口，一看到"禹"字，就知道跟大禹分不开。相传大禹治水时凿通了龙关山，形成黄河大峡谷，形状如同门阙之山崖壑口，最终将洪水疏导。此壑口被称为禹门。

关口打开后，水流剧增，生活在黄河中的鲤鱼被冲出禹门，骤然跌出了十多丈深的大瀑布。鲤鱼们无法溯流而上，因此集体向大禹抗议。大禹的妻子同时也是玉帝小女儿的涂山女可怜它们，说："我去请奏玉帝，能跃上豁口者，马上化为飞龙，腾云上天。跌坏额鳃的，只能怨自己生来就是凡品，也别捣乱了……"

从此，每逢暮春季节，就有无数金色鲤鱼循黄河逆流而上，聚在禹门下，奋力跳跃。偶有一跃而过者，便会被天火烧去尾巴，化为苍龙，腾飞九天之上。跳不过去的，就只好自认倒霉。

唐代章孝标就作有描写鲤鱼跳龙门的诗句："眼似真珠鳞似金，时时动浪出还沉。河中得上龙门去，不叹江湖岁月深。"宋朝陆佃在《埤雅·释鱼》里也说："俗说鱼跃龙门，过而为龙，唯鲤或然。"看来鲤鱼跳龙门的故事，在唐宋时期已经广为流传了。

不仅仅鱼可以化作龙，在传统文化中，与龙有关系的动物都有化作龙的可能。比如，蛇可以化蛟，然后再化龙。龙和马也可以互相转化，白龙马就是龙变的，据说汗血宝马也有龙的血统。锦鲤跳过龙门，就能够变成神龙，从凡间生物一跃成为神兽，简直比差生考上大学还爽。

那么鲤鱼究竟跳不跳龙门呢？还真是跳。究其原因也简单，不过就是为了繁衍后代。花大力气跳来跳去，只是为了找一个适合产卵的地方而已。其实许多鱼都喜欢跳水，不同的鱼跳水的本领也不同，而鲤鱼有时也能跳出水面一米以上。

据《长江鲟鱼类生物学及人工繁殖研究》一书说：“（鲟鱼产卵）多在江河上游，水温较低，流速较大，流态复杂，河道宽窄相间并具石砾底质的急滩地带。”而山陕交界处的龙门一带，正具有以上地貌特征，成为鲟鱼云集产卵的一个理想场所。

为什么说的是鲟鱼，而不是鲤鱼呢？现代科学家认为，鲤鱼跳龙门说的“鲤鱼”实际是鲟鱼，又叫鳣鱼。鲟鱼是江海洄游性鱼类，体长约两米，最大可长五米以上，我国珍稀动物中华鲟就是这种鱼。由于古代大鲤亦名“鳣”，故古人将“鲔鳣”与大鲤相混，传为“鲤鱼跃龙门”。

中华鲟最早出现在1.4亿年前的白垩纪，与恐龙同一时期，是国家一级野生保护动物，被誉为“水中国宝”，被世界自然保护联盟列为极危物种。我们宁愿相信，是它们跳过了龙门，化龙而去，而不是因为自然环境变化致使濒危。

那么问题来了，转发锦鲤究竟能不能转运呢？还是那句话，信则灵。

第 41 弹

神仙能不能谈恋爱?

这好像是一个千古的话题，作为凡人，总是渴望和神仙扯上点儿关系，历来的传说和民间故事也佐证了这一点。

和神仙谈恋爱的故事古已有之，众所周知的故事有牛郎织女、沉香救母、董永与七仙女、萧史弄玉等，但大部分故事的结局都是凄凄惨惨戚戚。牛郎与织女一年见一次，沉香的母亲被压在华山下，董永与七仙女天人永隔。在民间故事里，似乎天庭有一条规章制度，神仙不能和凡人谈恋爱。

凡人觉得这样很不公平，感情的事情怎么能控制呢？但凡人不知道的是，神仙不光不能跟凡人谈恋爱，就是神仙之间，原则上也不能谈恋爱。

我猜测，可能有几种原因：

第一，神仙之间恋爱结婚，生小神仙，违背了成仙原理。富二代有纨绔子弟，仙二代也难免有，长此以往，仙界的权威性就会减弱。

第二，神仙生小神仙，就堵死了凡人修仙之路，破坏了上升通道，长此以往，仙界的根基就会被破坏。

第三，神都是天庭公务员，办公室恋情在人界都不提倡，何况是天庭。天蓬元帅就是因为调戏嫦娥被贬下界变成猪的。

但是在老百姓看来，人都能结婚，那神仙之间配对似乎也不是什么大不了的，于是就想当然给玉帝配了王母，给土地公配了土地婆，给雷公配了电母，这其实属于乱点鸳鸯谱，这些男女神仙根本就不是夫妻。

其实在很早的道教上清派，对谈恋爱这事是不管的。

南岳魏夫人云："冥期数感，玄运相适，应分来聘，新构姻缘，此携真之善事也。"而且早期的仙女多是婀娜多姿的妙龄女子，神仙也有人格，凡人亦有神格，相互看对眼了很正常。

《南华经》（即《庄子》）中的《逍遥游》描写姑射仙子云："藐姑射之山,有神人居焉,肌肤若冰雪,绰约若处子,不食五谷,餐风饮露。乘云气、御飞龙，而游乎四海之外。"

试想，如此冰清玉洁的女仙，骑龙驾雾满世界跑，谁看了能不心生艳羡呢？

可是自宋朝以后，理学大兴。受其影响，道教对于世俗感情的态度也发生了变化，甚至认为世俗感情乃是负累。凡人想要修仙求解脱，必须抛却这些世俗的感情，所谓跳出红尘之外，不在五行之中。

《太玄真一本际妙经》说："若在居家，父母妻子，爱累相缠，如处囹圄，不得自在适志从容。"

就是说，父母和妻子都是让人无法摆脱的纠缠，爱恨纠葛，没办法求得大自在。应该说，这种思想也受了佛教出世之说的影响。

这时，道教对于上方女仙的理解，也因之而改变。遇到洞府真仙的故事，越来越多变成了遇到山精鬼魅受其残害的故事。

造成道教对女仙态度转变的一个重要原因，就是内丹学的兴起。

男女都修纯阳之体，女的要断赤龙、男的斩白虎，女的也修成男的一般，第二性征衰退，不行月经。后世道教女冠也叫师兄，这就使两性之别越来越不明显。

如果说理学、三教合一思想的兴起，使得后世道教徒认为神仙的心性应当无欲无情，内丹学的兴起，更使得道教徒认为女仙的生理结构和男人无差别。所以，自从宋代以后，神仙故事里很少出现女仙和男子的婚恋记载。

《西游记》里，奎木狼和披香殿侍香玉女暗生情愫，在天上光明正大来往，只好双双下凡，玉女托生百花羞公主，奎木狼变身黄袍怪，历经艰难才结了十三年夫妻。从这个故事看来，神仙要想谈恋爱，必须得下凡化为人身。奎木狼回去后受罚给老君生火，后来就官复原职。可是玉女托生的百花羞却没有交代结果，我估计是重回六道，再想修上天，不知道得经历多少劫难了。

第 42 弹

鸿钧老祖是不是你老祖?

中国道教的创世神话里，有一尊二祖三清四御五老的说法，却没有鸿钧老祖这个人。关于鸿钧老祖的传说，起源于古代的长篇小说《封神演义》。

《封神演义》又叫《封神榜》，是明朝作家许仲琳所作。在书里，作者先根据传说立了三个厉害的人物：元始天尊、通天教主和太上老君。这仨大师相互干仗，打来打去没分出胜负，谁也不能赢，谁也不能输，于是又虚构出一个比他们仨还厉害的人物——鸿钧老祖，来化解太上老君、元始天尊与通天教主之间的矛盾。于是，三教主不再互相伤害，最后鸿钧老祖再带通天教主一起离开。

而在神话体系里，鸿钧老祖并不存在，更不是三清的师父。不过自从鸿钧老祖被创造出来以后，就一直受众多小说家青睐，后来的玄幻小说更是对鸿钧老祖进行新的演绎，使得鸿钧老祖似乎真成了创世神灵。作为学道人，我自觉有责任理清道家的脉络，今天就来讲一讲鸿钧老祖的来龙去脉。

《封神演义》中，鸿钧老祖的出场诗是："天地玄黄外，吾当掌教尊。盘古生太极，两仪四象循。一道传三友，二教阐截分。玄门都领袖，一炁化鸿钧。”

从中可以看出，鸿钧老祖超脱天地之外，一炁化鸿钧，然后传教给元始天尊、通天教主、太上老君，他就是三教的领袖和万物的创造者。元始天尊、通天教主、太上老君的原型就是道教的三清——玉清元始天尊、上清灵宝天尊和太清道德天尊。

传教时，鸿钧道人曰：“你三个过来。”老子、元始、通天三个走近前面。鸿钧吩咐：“三人过来跪下。”三位教主齐至面前，双膝跪下。

如此描写，让至高无上的三清都下跪，是为了充分说明鸿钧老祖的超然地位。

其实，在《封神演义》之外的神话体系里，三清代表天道的运行和存在，三清四御才是至高存在。在他们之外，有一尊和二祖，一尊据说是盘古，就是开天辟地的那位，也有说是西王母的。二祖分别是伏羲和女娲，和鸿钧老祖扯不上半点儿关系。

三清信仰源于《道德经》中的“道生一，一生二，二生三，三生万物”，由此衍生出来一炁化三清，世间万物衍化出来，三清就是至高神。

而一炁化鸿钧不过是对一炁化三清的剽窃。一炁化三清说的是三清都源于道，同根同源。一炁化鸿钧却解释不清楚，没有理论依据。

《道德经》通篇都是“天地不仁，以万物为刍狗”的天道至公理念，认为“道”并非世界万物的造物主，也不拥有情感。人道唯心，天道唯物，只有天道不具人格化身，没有任何感情，世间万物才能自由自在展现风采。

一旦“道”有了人格化形象，存在一个有自己喜好的人格化造物主，就代表世界的色彩被神固定了，人性无法得到自由。由此可见，鸿钧老祖的出现，非常有可能是在明朝时期，小说家受到西方宗教造物主概念影响创造出来的。

由于《封神演义》的巨大影响，才让鸿钧老祖成为人尽皆知的人物。但追其本源，鸿钧老祖与中国神话的精神是相悖的。

在中国神话里，人性从未受到过神性的禁锢，人也从不接受造物主的安排，就连盘古都在开天辟地后死了，怎么会允许一个大道之上的神存在？

第 43 弹

太极就是宇宙大爆炸的奇点

中国人喜欢打太极，这个太极说的是太极拳，也喜欢玩太极，这个太极就是什么事都不说准，也不说定。打太极，也就是打马虎眼。

那么太极究竟是个什么玩意儿呢？

关于太极，最早的记载出自《庄子》，也就是道家所说的《南华经》。

《庄子 · 大宗师》曰："夫道……在太极之先而不为高，在六极之下而不为深，先天地生而不为久，长于上古而不为老。"

意思就是说，道无所不在，故在高为无高，在深为无深，在久为无久，在老为无老。它在太极之上却不算高，它在六极之下却不算深，它先于天地存在还不算久，它长于上古还不算老。

又见于《易传 · 系辞上》："易有太极，是生两仪。两仪生四象，四象生八卦。"

所以"太极"并不是庄子创造的，是上古的老祖宗传下来的。"太极"这个名词代表宇宙初生的那一点，等于现在天文物理学讲的宇宙大爆炸之前的那个奇点。

太，就是最大；极，就最远的尽头。物极则变，变则化，所以太极就是变化之源。

这里面包含几层意思：宇宙最初的元气；虚无本体；大衍之数的四十九数未分；阴阳混合未分；等等等等，总之就是一切的根源。

道教与儒教相结合，产生了所谓“无极”的概念。《列子》在太极上面又创造了无极、无物、无始、无终、无尽等五个名词。

周敦颐《太极图说》曰：“自无极而为太极，太极动而生阳，动极而静，静而生阴，静极复动，一动一静，互为其根，分阴分阳。两仪立焉。”

太极图是研究《周易》原理的一张很重要的图像，据说它包含了天地万物的共通规律，所以也有人说它是宇宙的模型。

太极生两仪者，太极寂然不动，本无形象，唯为清净光明之体，此为无生之理性。动则显象起用，乃名为生。所生之象，其数无穷，但始动之际，只有一明一暗两种形色，明色为阳，暗色为阴，因此称为阴阳两仪。

两仪实为四象甚至万象的基本结构，万象即由两仪细分而成，所以万象无不有阴阳两仪。万象之数虽然无穷，但基本之数则为阳奇阴偶。

所谓四象，简单理解就是东方青龙、西方白虎、南方朱雀、北方玄武。东南西北每一方都有一种动物形象，分别代表了金火水木四种能量。但专业点儿说，《周易》中的四象，其实指的是阴阳衍生出来的太阳、少阴、少阳、太阴。

青龙，代表少阳，象征东方；白虎，代表少阴，象征西方；朱雀，代表太阳，象征南方；玄武，代表太阴，象征北方。

四象继续变化，又衍生出八卦。八卦前面讲过了，在此不赘。

总之，宇宙万事万物，都是由太极衍生而来。我们尝试用神话的方式，来简单画一下宇宙演进的路线图。

第一阶段，太一。这时候的宇宙是一片无限虚无。太一生水。

第二阶段，太初。宇宙依然无形无质，只有先天一炁，比混沌更元始。太初生火。

第三阶段，太始。宇宙已经有形有质，但非感官可见，呈混沌状态。太始生木。

第四阶段，太素。出现元始物质的宇宙状态，形而有质，而未成体。太素生金。

第五阶段，太极。太极者，体之始也。太极生土。

至此，宇宙不仅有了气、形、质，也具备了“体”的阴阳运作，金木水火土五种元素也齐备。随后就是开天辟地，也就是现代科学说的“宇宙大爆炸”，太极生两仪，两仪生四象，四象生八卦……宇宙就这么诞生了。

先天五太阶段结束后，又是后天五太。后天五太的前四个阶段属于远古时期。第五个阶段叫太古，就进入了上古时期。

所谓太古，就是生民之始，万灵生成。也就是说有了灵长类生命。太古也分阶段，分别是上古、中古和下古。

《礼记正义 · 礼运》根据《易》的演进阶段分作：“伏羲为上古，文王为中古，孔子为下古。”

所以我们提起古代，不要把上古、远古和太古混淆乱用，其中的内涵是完全不同的。

第 44 弹

诸葛亮拜北斗星延寿的理论依据

诸葛亮是三国时期的蜀国丞相，三分天下全赖他的神机妙算。在民间传说里，诸葛亮更是智多星甚至半仙的代名词。四川、陕西各地都有诸葛庙祠，供奉诸葛亮的神像，纪念他的功绩。可以说，诸葛亮是除关羽之外，美誉度最高的三国人物了。

要论功绩，《三国演义》里说得已经够多，在此不赘。老百姓之所以怀念他，除功绩外，还有很大部分的原因是惋惜。就是所谓“出师未捷身先死，长使英雄泪满襟”。

诸葛亮一心匡扶汉室，却终究无力回天，最后陨落五丈原。在他生命的最后时刻，为了逆天改命，便想用禳星之法延寿十二年，但在将要成功之时，被大将魏延闯入扑灭主灯，导致禳星失败。

在民间传说里，诸葛亮不仅神机妙算，可以率兵打仗，还具有一定的神力，赤壁之战借东风就是对他能力的神化。禳星延寿也是另一种，只不过功败垂成，让人唏嘘。

对于禳星，诸葛亮是这样说的：“吾素谙祈禳之法，但未知天意若何。汝可引甲士四十九人，各执皂旗，穿皂衣，环绕帐外；我自于帐中祈禳北斗。若七日内主灯不灭，吾寿可增一纪，如灯灭，吾必死矣。”

中国的本土信仰以星斗崇拜为根本，认为南斗主生、北斗主死。所以睿智多谋如诸葛亮者，在生命行将结束而壮志未酬时，只好借助拜斗的方式来延长自己的寿命。

阴阳学说很有意思，南斗明明主生，但偏偏拜南斗可以害人性命。比如《封神演义》里的钉头七箭书害死了赵公明，就是拜了南斗让赵公明无生路可走。北斗明明主死，拜北斗却是得以免死的方式，诸葛亮的禳星法正是拜北斗，因为拜北斗可以消灾延寿。

为什么北斗星可以主管人生死呢？这与北斗和四季的关系相关。古代天文学家正是根据天相和星斗的位置，来确定四时与立法，太岁纪年法就是来自木星的运行轨迹。所以，古人认为，北斗和人生有着莫名的神秘联系。

战国时期的《鹖冠子 · 环流》记载："斗柄东指，天下皆春；斗柄南指，天下皆夏；斗柄西指，天下皆秋；斗柄北指。天下皆冬。"这是古人对北斗与四时运行关系的最早论述。

《史记 · 天官书》里写道："斗为帝车，运于中央，临制四乡。分阴阳，建四时，均五行，移节度，定诸纪，皆系于斗。"更是明确指出四季、五行、历法，均是依照北斗星的位置而确定的。

农耕社会，农业是根本，如果四时混乱，气候不调，那么就很可能民不聊生，以至于战乱四起。当四季历法都要依据北斗星测算时，北斗的地位显得格外重要，甚至远远高于南斗星。更因为我们在北半球，阳光由南向北，帝王都是面南背北，更增加了北斗的神秘性，所以北斗也被称为帝车。

春秋战国时期，战争普遍用车战，北斗为帝车，暗示着北斗星与杀伐有关。因为节令混乱会造成农耕社会生产秩序的破坏，引发战争和死亡。北斗不明，战争四起，帝车出行，征伐天下。

所以《淮南子 · 天文训》里写道：“北斗所击，不可与敌。”

北斗七星的名字依次为贪狼、巨门、禄存、文曲、廉贞、武曲、破军，看字面就能看出代表着征伐，征战就要死人，所以北斗主死，顺理成章。

《史记 · 封禅书》说：“以牡荆画幡日月北斗登龙，以象太一三星，为太一锋，命曰‘灵旗’。为兵祷，则太史奉以指所伐国。”

所以北斗就充当了古代军旗上的军徽。

中国的北斗崇拜由来已久，河南濮阳六千五百年前的墓葬布局就和北斗崇拜有关。墓中用蚌壳构成了一幅星象图，摆放出了苍龙和白虎二宿。墓主遗骸脚端由蚌壳构成的三角形，它和两根人的胫骨组成的图像就是北斗，蚌塑三角形表示斗魁，东侧横置的胫骨表示斗杓。

从六千五百年前到先秦，从先秦到三国，从三国到现在，星斗信仰的文化延绵不绝。虽然诸葛亮最后拜斗求寿失败，但他禳星延寿的传说流传了千百年。

第45弹

猪八戒为什么没成佛?

猪八戒自己最爱说的莫过于他本来是天庭的天蓬元帅，因为调戏嫦娥被判打落凡间历劫。而我们最爱说的，是他误投猪圈，变成猪头的故事。有人考证了孙悟空的原型之一，是印度的哈努曼神猴，那天蓬元帅变猪头有没有什么来源呢?

一直深爱《西游记》的鲁迅先生认为，猪八戒误投猪胎来源于中国古代神话“猪臂金铃”的演变。

《搜神记》记载:

> 晋有一士人姓王，家在吴郡，还至曲阿，日暮，引船上，当大埭，见埭上有一女子，年十七八，便呼之，留宿。至晓，解金铃系其臂，使人随至家，都无女人。因逼猪栏中，见母猪臂有金铃。

大致的意思是，有一个姓王的男人，遇到一名十七八岁的美貌女子，就与其同床共枕，共度良宵。早上女子要走，男人不忍离别，解下自己的金铃系在她的手臂上，让仆人尾随其后，到了一户人家，发现此户人家并无该女子。仆人与其家人产生争执，被逼入猪圈中，发现母猪腿上拴着那个金铃。

虽然我对鲁迅先生很尊敬，但就此推断是猪八戒的来源，我觉得还是有点儿牵强。反而是学者陈寅恪先生的说法我觉得有些道理。

陈寅恪认为，猪八戒的故事源于“牛卧苾刍遇难，天神变成白猪”的印度神话。猪八戒是毗湿奴的化身，因为毗湿奴的第三化身正好是一头野猪。但这个说法也有漏洞，因为根据印度教的说法，毗湿奴的第九化身正是释迦牟尼，那么猪八戒和如来佛祖就成了一个人，似乎有点儿说不过去。

如果不是“化身”而是“化生”的话，反而有可能。化身和化生有区别，化身是神明出现在人间的形象，他的本体仍在天上，化身只是本体的投射，与本体相同。而化生是化育生长，是神仙自身通过法力或其他方式生成一个新的个体，与本体完全不同，是一个独立的神仙，司职和神位都不同，有自己的独立思想。如果说猪八戒是佛祖的化生，倒不是没有可能。

在《西游记》里，天蓬元帅掌管天河水军，信仰体系上为北方四圣之首，黑衣玄冠金甲，领神兵三十六万众，无论从方位、衣色上来说，五行都属水，水性善淫，这就是天蓬元帅会调戏嫦娥、猪八戒会好色的五行理论基础。

再反映到星斗信仰上，北方有北斗九星名为：天蓬、天任、天衡、天辅、天英、天内、天柱、天心、天禽。天蓬元帅就是先天神灵的人格化身，是北斗天蓬星的象征。

八戒原名猪刚鬣，法号悟能，会天罡数的三十六般变化，所持武器为太上老君所造，玉皇大帝亲赐的九齿钉耙。

前面说过，天蓬元帅要是真身出现，孙悟空根本打不过，就算是变成猪头，孙悟空也不一定是对手。有传说孙悟空打不过他，就偷偷把他的钉耙锯了一根齿。

我们都知道，《西游记》里唐僧的三徒一马，都有其象征意义，猪八戒代表的是唐僧作为人的七情六欲。我们在前面讲吕祖的时候讲过，修行之人，决不能是一朵天生的白莲花，未经辛苦难成人，不经打击老天真。所以在猪八戒身上，人类所有的欲望全都有，只有把这些关一个个都过了，才能真正放下。你说你从来没谈过恋爱，却说自己放下了情欲，鬼才相信。

孙悟空是理想主义，天生石猴，没有情欲，也不贪吃，但八戒贪财好色，似乎悟空比八戒境界更高。并不尽然，悟空争强好胜，但八戒随遇而安，在这一点上，悟空就不如八戒。他好吃，但不挑食，好享受，但钻在泥坑里也能睡着。这里面有佛性，就是不执。既不我执，也不法执。我执好理解，就是把“我”太当回事，悟空就是这样。法执呢？就是固执一切诸法，以为实有，就有了分别心和爱憎心，唐僧本人就是这样。而八戒起的作用就是告诉这个取经团队，不要太执着，能取经就取，不能取随时散摊子。

取得真经后，佛祖封八戒为净坛使者，还给了充分理由：“因汝口壮身慵，食肠宽大。盖天下四大部洲，瞻仰吾教者甚多，凡诸佛事，教汝净坛，乃是个有受用的品级，如何不好！”

猪八戒其实也无所谓，只不过开始听师父师兄都成佛了，对自己封个菩萨级别的净坛使者有点儿不满。听这么一解释，也就稀里糊涂过去了。

能吃能喝，对他来说就够了，何必要太多呢？再说了，佛是不能随便跟凡人发生联系的，只有菩萨才能到处闲逛，名为普度众生。这也是观世音菩萨早就成佛了，还非要降个等级成菩萨，到处救苦救难的原因。

而另一位菩萨地藏王更厉害，他不愿意回西天成个泥塑佛像，于是发下大愿说地狱不空誓不成佛，这么一来，别人还没办法催他走。

八戒是大智慧之人，才不愿意成佛呢。

第 46 弹

你是左青龙还是右白虎?

周星驰的电影《唐伯虎点秋香》里有一句著名台词广为流传:“我左青龙、右白虎、老牛在腰间、龙头在胸口。”意思就是说自己非常牛。那为什么是左青龙右白虎呢?别看听着傻乎乎的,其实这里面学问很深。

大家都知道,太极生两仪,两仪生四象,而青龙白虎就是这四象中的两象,另外两象就是朱雀和玄武,它们共同构成了中国上古文化里的四大图腾。

说左青龙右白虎,其实是东青龙西白虎,因为中国先人画地图,以南为上,北为下,所以,左手就对着东边,右手对着西边。

而四象分别是东、南、西、北四个方位。左为东方,太阳升起的地方,寓意着生机,春雷震万物萌发木之气。右为西方,太阳落下的地方,游牧民族经常侵袭华夏,主杀伐且多矿山金之气。前为南方,太阳行经之处,寓意着炎热,万物繁荣火之气。后为北方,太阳难照之地,苦难而冰冷,万物萧条水之气。

地理位置确定了四方的基本属性后,按照东方的思维习惯,要进行形象化。青龙为木之气代表生机,白虎为金之气代表杀伐,朱雀为火之气代表炎烈，玄武为水之气代表幽寒。

青龙是最有生机的代表，龙在民间传说里是至高无上的神物，东方之神。据说龙性本淫，和牛交时生麒麟，和猪交时生象，甚至还有龙生九子各有不同的说法。让它主东，确实比较合适。

白虎主西方，虎是百兽之王，威猛无比，画虎于门，鬼不敢入。所以白虎是战神、杀伐之神，是金属性的圣兽，具有辟邪、惩恶等诸多能力。之所以叫白虎，并不是因为它是白色，而是从金属性。历代很多猛将都被传是白虎星转世。

朱雀是火精，《淮南子·天文训》记载："南方，火也，其帝炎帝，其佐朱明，执衡而治夏；其神为荧惑，其兽朱鸟。"很多人把朱雀和凤凰混淆，其实两者不是一种东西，凤凰为朱雀所生。

玄武据说是一种由龟和蛇组合而成的灵物。《楚辞·远游》洪兴祖补注曰："玄武，谓龟蛇。位在北方，故曰玄。身有鳞甲，故曰武。"之所以用龟，是因为龟甲有占卜功能，所以玄武与冥界有一定关系。

葛洪在《神仙传·天门子》里说："我行青龙，彼行白虎，彼前朱雀，我后玄武，不死之道也。"说明修真得道，与四象方位有密不可分的关系。

这四大圣兽的形态，每个都有七个星宿组成，而且随着民间信仰的演化，逐渐被人格化，生出了具体的姓名。

青龙名孟章，即道教的孟章神君；白虎名监兵，即监兵神君；朱雀名陵光，即陵光神君；玄武为执明，即执明神君。

而玄武，在后来脱离了四象，衍生为真武大帝，又称佑圣真君，玄武和执明神君并不等于真武大帝。真武大帝形象十分威武，身长百尺，披头散发，金锁甲胄，脚踩五色灵龟，手持长剑，身边侍立着龟蛇二将，全称真武荡魔大帝，为北方之神，地位上比玄武和执明神君要高。

但溯源来说，地位再高，他还是由玄武衍生而来的。

《佑圣真君神咒》称他是“太阴化生，水位之精。虚危上应，龟蛇合形”，道清了本质。

第 47 弹

哪吒是外国移民

国产动画电影《哪吒之魔童降世》热映，一时间让哪吒这个熊孩子又成了人们餐桌上的话题。相对于我们传统印象里的那个小哪吒，动画改编的力度之大，算得上是颠覆。本文无意重塑一个哪吒，若能做到些许还原和发现，也就善莫大焉了。

哪吒是我国最为著名的正统神仙之一，也是经典的神话艺术形象之一，他的主要故事源于宗教信仰与神话小说名著。传统神话主要分为三大体系：正统道教神系、民间信仰神系和神魔小说神系。在道教传统体系里，哪吒身为专司伏魔的正道天神，其神祇行宫的规格是相当高的。

相对于其他神仙的名字，哪吒这个名字显得有点儿怪异。我们熟悉的神话人物如孙悟空、猪八戒、吕洞宾、孙思邈等等，都有名有姓，就算是鸿钧老祖、三霄娘娘、土行孙这些小说演绎的人物，也是国产味道十足。而哪吒这个名字，确实与众不同，甚至有点儿洋气。

《康熙字典》说，“哪”指“傩”，本意是驱邪消灾，鬼神之偶像；“吒”同“咤”，意为正义，叱吓邪恶。哪吒合一，即以傩叱祓禳鬼怪。这里实际上是牵强附会，哪吒二字的全部通假已经非常牵强，托塔李天王家生个孩子，不可能一开始就认为他是叱吓鬼怪的神灵，起这样一个奇葩名字。

归根结底，还是因为哪吒的原型并不是中国人，而是印度神话人物。至于《西游记》中哪吒的两个哥哥叫金吒、木吒，更是哪吒被汉化后衍生出来的神话人物。

哪吒的本名是梵语 Nalakūvara，全称“那吒俱伐罗”，简称“那吒”，是印度北方护法毗沙门天王的儿子。唐朝时，随着佛教文化的传播，哪吒的故事开始出现在民间传说中。因为他是毗沙门天王的儿子，就以少年形象出现，可以变化出三头六臂，传说他可以降龙求雨。到了宋代，哪吒的形象基本固定下来，就有了闹海屠龙的传说，变成了出生奇异，三头六臂，具有莲花化身的少年神灵。

在《景德传灯录》《五灯会元》《密庵和尚语录》等佛学经典里，都有了哪吒的身影，只不过他并非以和尚形象现身，而是以翩翩少年的形象。这为他的形象能够深入人心打下了坚实基础。

在《封神演义》中，哪吒被安排成了陈塘关总兵李靖的儿子，怀胎三年才生了下来。到了此时，哪吒算是彻头彻尾完成了中国化，与中国土生土长的神灵没了区别。

明朝《三教源流搜神大全 · 那叱太子》记载：

那叱（哪吒）本是玉皇驾下大罗仙，身长六丈，首带金轮，三头九眼八臂……因世间多魔王，玉帝命降凡以故托胎于托塔天王李靖。母素知夫人生下长子军叱（《封神演义》改为金吒）、次木叱、师三胎那叱。生五日化身浴于东海，脚踏水晶殿，翻身直上宝塔宫……玉帝即封为三十六员第一总领使、天帅之领袖，永镇天门也。

从印度外来户进化为中国本土神灵，正面说明了哪吒这个人物得到了老百姓的认可和喜爱，关于他的民间传说、戏曲、小说、影视剧、动画也是层出不穷，哪吒也一步步得到更多人的喜爱。

所以到现在，我们所喜爱的哪吒不再是毗沙门天王的儿子，他是托塔李天王的三儿子哪吒，是我们心目中年轻人叛逆精神的代表。他敢于反抗权威，反抗天地，在大仁大义面前又有割肉还母、剔骨还父的担当，堪称青年人的偶像。

而民间的小哪吒更是活泼可爱、顽皮好动、勇敢善良、聪颖绝顶，他的形象是红肚兜、光脚丫、光屁股、丸子头、包子脸、莲花衣、长得像女童的可爱小毛孩，拿着枪和圈，披着布条踩着轮儿，总之怎么可爱怎么来。原来印度那个三头六臂的威武形象，已完全被颠覆了，但要想变成三头六臂，也就是他一句话的事。

第48弹

为什么孙悟空能唤土地神帮忙传信？

无论田间地头还是村社巷里，土地公公可以说是最常见的神灵，哪怕片瓦寸砖，哪怕石龛崖洞，都可能是他的容身之地，他的足迹遍布国人居住的每一个地方。

其实，土地神有个很正式的称呼，叫作“福德正神”。对于老百姓来说，土地是生存的根本，生于斯长于斯，有土斯有财，土地神就是最早的财神与福神代表。一般老百姓家里供奉天地君亲师、列祖列宗之外，还要供奉东厨司命奏善灶君、中宫土地福德正神，也就是灶王爷和土地爷。所有神灵中，与老百姓关系最亲密的就是这两位了。

《神异典·后土皇地祇部》曰：“汤以伐夏，祭告后土。”

在商汤的时候，我们就要祭拜土地了。商攻打夏之际，还专门祭祀了土地，以宣告战事将临。

《周礼注疏》曰：“后土，社神也。”

到了先秦，每村每社都要有守护村社的土地神，地位还不低，与农神的地位相当。“社稷”就来源于土地与谷物之神，后来用来代指国家，祭祀典礼往往由天子或地方长官主持。

秦汉之后，由于作为天子意志的太一神和昊天上帝等信仰兴起，土地神的地位有所下降。之所以下降，还有一个很大的原因，那就是国家土地面积越来越大，祭祀开始分布于中华大地各处，各处分而祭之。但土地神祭祀品级的下降，并不意味着土地神信仰的衰落，反而能说明土地神的信仰深入民间，被老百姓普遍接受。

东汉《白虎通·社稷》载：

> 王者所以有社稷何？为天下求福报功。人非土不立，非谷不食。土地广博，不可遍敬也；五谷众多，不可一一祭也。故封土立社，示有土尊。

也就是说，国家太大了，皇帝不能一个个祭拜，但皇帝给它们封了大大小小的不同片区，以供民众祭拜。

在《西游记》里，土地神也经常出现。孙悟空每每遇到什么麻烦，找不到人帮忙时，就会找土地爷："土地老儿，快快给俺老孙出来！"

所谓土地老儿，当然是半戏谑半熟悉的称呼，说明孙悟空对土地比较熟。那为什么孙悟空能够指使土地神为他传递消息、打探风声呢？

这与孙悟空的身份有关。孙悟空在跟随唐僧之前，在菩提祖师处学习道家法术，包括七十二变以及筋斗云，所以无论行法还是施术，孙悟空都是道家弟子的身份。

道士行法的时候，有句咒语："经坛土地，神之最灵，升天达地，出幽入冥。为吾关奏，不得留停，有功之日，名书上清……"

大致意思是道士在此行法，送达神灵文书，需要土地神来出幽入冥。此时道士的语气是命令式的，要土地神为他赶快送文书，不能懈怠留停，有功德之日，会将土地神的名字告知上清。

土地神作为最普遍的神灵，道士也要为土地神礼拜上香，但道士穿上法衣行法时，就是替天尊宣法，作为道官发号施令的时候，他们比土地神高半级。行政高半级，自然可以命令土地神传递文书。孙悟空能够召唤土地神出来给自己帮忙，道理正在于此。

说起土地，又不得不说说城隍。土地神作为化身千万在民间的神灵，实际上相当于神话世界中的村长、镇长，官虽然不大，却涉及方方面面。道士能差遣土地神，意味着平时与土地打交道也更多。

至于城隍，他们与道士和土地的关系相对疏远一些，大致相当于神话世界的县官、巡抚、地方长官一样。土地神有时将文书传达到城隍处，有时又直接将文书传达到主管神灵处，与城隍保持相应的上下级关系，又不彻底隶属城隍管辖。

城隍与土地神的来源不同，土地神为先天神灵，代表土地，并无固定的人身对应。城隍则是另外一套体系，大多由有功于地方民众的名臣英雄充当，比如我们熟悉的戚继光、柳宗元、范增、萧何、文天祥、纪信等等，都被封为城隍爷。老百姓以这样的方式纪念他们的功德，认为他们英灵不灭，以至于主管阴间核定人的是非善恶。

俗话说得好，土地神小，却事关社稷；土地庙小，却容纳万象红尘。

第 49 弹

金箍棒来头大

小时候，我经常做的一件事，就是把自家种的小槐树偷偷砍了，去皮磨光，扛在肩上，出门去耀武扬威。身后那些没棍子的小伙伴，只能做八戒、沙和尚和白龙马了。

每个男孩子都会有拥有一根金箍棒的梦想，它可大可小，能降妖除魔，关键是用不着的时候还能掏耳屎，简直是一件无与伦比的神器。

金箍棒的样式很普通，两头两个金箍，中间一段乌铁，但来头可是不小。它出自名门，乃道祖太上老君的作品。后来被大禹拿去治水，美其名曰：天河定底神珍铁。大禹用来干什么呢？用来测量。因为它可长可短，所以无论江河湖海，全都能测出深浅。

大洪水治好之后，大禹将此铁丢入大海，取意海河永固。东海龙君觉得浪费了，又有收藏宝贝的习惯，所以就收奉起来，称为“定海神珍铁”。

俗语有云：“擎天白玉柱，架海紫金梁。”说的就是这根神铁。

《西游记》里详细讲述了孙悟空是如何得到这根神铁的，非常精彩，我就不转述了。但就是这样一件神器，它和孙悟空的融合却也是经历了一番波折。

刚得金箍棒时候的孙悟空，可谓志高意满，下得地府，闹得天庭。看谁不顺眼，抡起棒子就打。

从山下出来，保了唐僧之后，依然随时开练——抓小白龙，打！抓猪八戒，打！抓沙僧，不由分说，依然打。五庄观，听几句讥讽，直接把镇元子的人参果树砸了。这个时候的孙猴子，还称不得“悟空”。金箍棒在他手里，也仅仅是一件浴血的凶器。

孙猴子第一次遭遇重大挫折，是遇到了太上老君的青牛。金箍棒碰到了道家顶级神器金刚琢，算是遇到了克星，两次都被套走。自此以后，美猴王的好杀之心就日渐收敛。妖精还是妖精，该打还得打，但杀伐之事更多被猪八戒担当了。

越接近灵山，孙悟空超凡之态越显，早先村俗乖张之气全无，已是完全的圣佛姿态。正所谓，屠刀在手，如何成佛？孙猴子到这时方才“悟空”了。

现在许多人都从心理学角度解释金箍棒，说其寓意男根，要修行，首先得控制住自己的欲望。而对于男人来说，下半身是最难控制住的，要真正在人生之路上完善自我，就要跟孙悟空一样，把金箍棒变小，微不足道地藏在耳朵里，把下半身的欲望藏在心里。当然，金箍棒必须有，没有的话，也不是完整的人。

金箍棒的材料是天成九转镔铁、灵阳神铁和黄金，除了黄金之外，其他两种还真不知道是什么。不管是什么，经过老君造出来，都不是凡品。在《西游记》里，太上老君除了爱炼丹，还爱打铁，各种兵器层出不穷，除了金箍棒，猪八戒的九齿钉耙也是他亲自打的。还有其他的，有兴趣的读者可以自己查证。

至于金箍棒的物理数据，我们知道它重一万三千五百斤，这源于扁鹊《难经》中的“一万三千五百息”。扁鹊是春秋时期的神医，当时他推断出人一天的呼吸大致有一万三千五百次。金箍棒取此数，暗含通过呼吸控制修炼的基本理论，即“观呼吸”。

所以，《西游记》堪称宝藏，就连一个道具的重量，都是有出处有深意的，这本书值得反复阅读。

第50弹

哮天犬是啥品种?

跟孙悟空的金箍棒一样，二郎神的哮天犬也是神器中的极品。二郎神离开了哮天犬，看起来就不是完整的二郎神，人狗结伴，相得益彰。在不同的影视剧里，哮天犬的形象均有不同，有的是大狼狗，有的是哈士奇，有的甚至还变成了人模样。那哮天犬究竟是什么品种呢？

在各地的二郎神庙宇中，他身边的狗也是形形色色。塑像的人不读书，其实它本来的模样，在《西游记》和《封神演义》里都有提及。

《西游记》中，二郎神和孙悟空大战时，孙悟空被金刚琢砸中，一晕之下“立不稳脚，跌了一跤，爬将起来就跑，被二郎爷爷的细犬赶上，照腿肚子上一口，又扯了一跌。”里面明确提到了“细犬”。

制服九头虫时，“那怪急铩翅，掠到边前，要咬二郎。半腰里才伸出一个头来，被那头细犬，撺上去，汪的一口，把头血淋淋的咬将下来。那怪物负痛逃生，径投北海去。”还是“细犬”。

《封神演义》有一首哮天犬的诗：“仙犬修成号细腰，形如白象势如枭；铜头铁颈难招架，遭遇凶锋骨亦消。”形象描述极其精准。

细腰犬即细犬，是中国的本土犬，在山东、陕西等地常见。特点为尖嘴、细腰、细腿、形状似鹿且轻灵矫健，具有很强的爆发力和持久的耐力，是作为猎犬的绝佳选择。二郎神经常带梅山六圣去捕猎，撵狗追兔子，细犬当然是不二选择。

至于哮天犬名字的来历，有误读误听之嫌。其本义为细腰天犬，从语音上来说，“哮”就是“细腰”的连读，如同很多地方把“不需要说”连读成“不消说”一个道理。二郎神的哮天犬其实就是中国固有的犬种与传说中的天狗结合的产物。

《山海经·西次三经》记载：“阴山……有兽焉，其状如狸而白首，名曰天狗，其音如榴榴，可以御凶。”

《山海经·大荒西经》记载：“有赤犬，名曰天犬，其所下者有兵。”

至于哮天犬成了二郎神的搭档，则跟二郎神在民间的信仰有关。

关于二郎神，本源多认为与治理蜀地水患的李冰父子有关。前后蜀时期起，以青城山为核心的西蜀道家为了争夺灌口李冰庙食，塑造了李冰次子李二郎的形象，并将其演绎成二郎神。朱熹《朱子语类》说：“梓潼与灌口二郎两个神，几乎割据了两川。”

但在后世演化中，道家又创造了赵二郎——赵昱。唐代传奇小说《龙城录》里有《赵昱斩蛟》的故事，说唐太宗封赵二郎为“神勇大将军，庙食灌口”，后“加封赤城王，又封显应侯”。此时，二郎神作为独立神格开始出现。

元代秦子晋所撰《新编连相搜神广记》载：“清源妙道真君，姓赵名昱……俗称灌口二郎……宋真宗朝……追封尊圣号曰清源妙道真君。”

宋代之后，二郎神在绘画艺术中得到展现，几百年形象均为刀眉上挑，额中间有一纵目，左手执弓，右手握三尖两刃刀，携带一猎犬搜捕山精妖怪。在这里，二郎神的随从中，已经有了猎犬存在。元杂剧《二郎神锁齐天大圣》就有“吾神乃二郎真君是也，俗姓赵名煜”“凭着真君金弹、细犬、三尖两刃刀，谅他到的那里也”的唱词。

等到了明代嘉靖年间，《二郎宝卷》给二郎神找了个叫杨天佑的爹，于是杨二郎诞生了。这个故事里有了更详细的描写：

> 二郎变化有神通，八装圣宝紧随跟，出门先收各牙洽，黄毛童子护吾身。后收六圣为护法，白马白犬有前因……白马爷乘神坐骥，白犬神嗷紧跟巡。贯会降妖捉鬼怪，邪祟精灵影无踪。

后来《封神演义》为二郎神原创了“杨戬”这个名字，以至于在《西游记》里变成了玉皇大帝的外甥。至此，二郎神与哮天犬已经如影随形，一人一狗成为家喻户晓的形象。

第 51 弹

黄大仙不是黄鼠狼

20 世纪 90 年代的香港电影里常有黄大仙这个形象，一口广东普通话，冲着屏幕里的信徒们说：“我跟你讲啊……”如果追根溯源，黄大仙这个道家神仙形象确实出在南方，有的说黄大仙出生于浙江省兰溪市黄湓村，还有的说黄大仙生于浙江省义乌市赤岸镇，总之两地都属于金华，黄大仙是个说南方方言的神仙。

而且，作为一个区域性的显神，黄大仙的传说遍布东南地区，而且随着东南的移民一起远走东南亚和海外其他地区，一度成了华侨在外祭拜的主要神灵之一。

如今在中国内地敬拜黄大仙日渐式微的形势下，在中国香港，祭拜黄大仙依然是市民的一大生活习俗，甚至香港的一个区就直接命名为黄大仙区。在东南亚以至美国、欧洲，黄大仙祠、黄大仙庙也分布广泛，这些祠堂庙宇随着华侨的足迹遍布世界各地，可以说，黄大仙是一个不折不扣的名声在外的“侨神”。

追溯其起源，在晋代，金华北山建有规模宏伟的黄大仙祠，名为“赤松观”，可惜现在已沉于水底。

在广东省，广州附近西樵山下的稔岗村，有座出名的黄大仙祠，但这个祠不是广东最早、最大的，广州花地的黄大仙祠才是最早、最大的。

广州花地的黄大仙祠，在清代就已香火旺盛，祠占地30余亩，门口有对联：“叱石传晋代，骑鹤上南天。”大殿有清代进士卢维庆于光绪三十年（1904年）书写的对联：“洞中别有乾坤，四周烟雨云山，尤增胜概；祠里自成天地。两岸杏林橘景，永著仙踪。”

那黄大仙究竟何许人也？

明代《金华府志·仙释》中记载：“晋，皇（黄）初平，兰溪人……”把他跟前面提到的两个地方相对应，大致差不多。

那么，是谁把黄初平神化的呢？

黄初平成仙事迹，最初见于葛洪的《神仙传》。葛洪是东晋道教理论家、炼丹家。他曾于晋成帝咸和三年（328年），在浙江会稽郡上虞县的兰风山炼丹，之后又在金华赤松山、义乌葛公山、永康石城山等地炼丹。

葛洪的《神仙传》最早将黄初平在金华赤松山的仙迹记载了下来。不论是明刻本《神仙传》，还是清刻本《神仙传》，甚至是民国铅印本的《神仙传》，都有相同的表述：

> 皇（黄）初平者，丹溪人也。年十五而家使牧羊。有道士见其良谨，便将至金华山石室中。四十余年，忽然，不复念家。其兄初起，入山索初平，历年不能得见……

黄初平别号赤松子，所以有些黄大仙庙叫“赤松黄大仙祠”。因为这个原因，也有人把他误认为神农时的赤松子。其实神农时的赤松子，早已是主行霖雨的雨师，和黄大仙是两码事。也有一种说法，黄大仙是广东东莞人，是东晋道教名士葛洪的弟子黄野人。但有关黄野人的传说要比黄大仙逊色许多，也不足采信。

道教是多神教，在众多的神当中，黄大仙算是相当出名的。当年黄大仙云游四海，治病救人，济世扶危，留下了许许多多的仙道，其功德家喻户晓，所以受到广大民众的拥戴，各地纷纷立祠来祭拜他。

这位大仙的功能属性比较多，所以来祭拜他的人求什么的都有——有求福的，有求姻缘的，有求子的，有求财的，有求医的，有求消灾解难的……无所不求。因为相传黄大仙“有求必应”，所以在港澳地区，每年的黄大仙诞都很隆重，很多社会名流都去参加，而且香港的黄大仙祠是唯一可以举办婚礼的道教庙宇，所以围绕该祠的庙前街常常是车水马龙、摩肩接踵。

香港人不仅信奉黄大仙，还把他的故事拍成了电影《黄大仙》，有兴趣了解的读者可以看看，感受一下黄大仙操着一口“港普”，对着你说“我跟你讲啊”的感觉。

第 52 弹

精卫填的海在哪儿?

中国神话之复杂，源于中国神话体系本身的复杂。神话的来源，有些是古人对某种自然现象的想象性解释，有些则表达了先民征服自然、变革社会的愿望。总之都不是无源之水，无根之木。

精卫填海，正是这样一个励志不屈、灵魂不死的故事。故事出自《山海经·北次三经》：

> 又北二百里，曰发鸠之山，其上多柘木，有鸟焉，其状如乌，文首，白喙，赤足，名曰精卫，其鸣自詨。是炎帝之少女，名曰女娃。女娃游于东海，溺而不返，故为精卫，常衔西山之木石，以堙于东海。漳水出焉，东流注于河。

大意为，炎帝的女儿在东海游玩被水淹死，心有不甘，就化作精卫鸟，衔来西山上的木枝石块，想把东海填平。

那东海在哪里？是否就是现在的东海呢？我们还是要从故事本身出发来探究。精卫生活于发鸠之山，形似乌鸦。发鸠之山位于山西省，精卫从山西衔石头，再到现在的东海填海，从古人的角度来说实在是太远了。

再结合史料，炎帝部落离海边非常远，主要活动在姜水，也就是现在的陕西宝鸡一带。所以，炎帝的女儿自己走到东海边游玩的可能性极小。

神话故事多是现实的变相演绎，虽然女娃不可能走到东海边，但炎帝时期，发鸠之山以东是东夷九黎部落，说明炎帝部落与东夷部落在当时已经有了交流。

我们看到少女，想当然就按照现在的标准，认为是小女孩，其实不然。古代的少女不比现在，20 岁之前不准结婚，那时候的女孩子在很小的时候就可能出嫁了。联系到当时的实际情况，女娃很可能不是到海边游玩，而是远嫁到了离海边很近的东夷部落。

后来，女娃因为不明原因在东夷部落身亡，炎帝部落为了给炎帝之女报仇，与东夷部落展开了长时间的战争，最后夷平东夷部落。

但是就算师出有名，这毕竟是战争，显得炎帝部落很好战，不符合上古圣王的高大上形象。于是，知识分子就把炎帝部落越过发鸠之山征伐东夷部落的事，演绎成复仇和不屈的精卫填海。这样就符合逻辑了。

至于东海的具体位置，东夷部落主要活动在山东半岛，最有可能的就是渤海或者黄海。

精卫填海故事的最后一句说：“漳水出焉，东流注于河。”

漳水分南北两条，南漳水又称清漳水，最后汇入长江；北漳水也就是浊漳水，传说发源于发鸠之山，汇入黄河。根据这个典故，我们可以判断出，精卫填海要填平的是渤海。

这个故事虽然简单，但它表达的意思却很丰富。

首先，海便是我们对生存的恐惧，因为整个世界都对水有恐惧。

其次，填海又表现了人类死不认输的一面，既然你不让我好好活，我死了也不会放过你。

最后，从精卫填海的故事我们还可以看到，当时，各个部族之间已经开始通婚融合了。

另外，精卫填海与女娲补天在一定程度上是有相似性的。两者都是以女性作为神话的主角，都有挑战自然的无穷斗志，都没有提到男性的位置和作用。所以，我们还可以大致推断，这个神话产生于母系氏族社会向父系氏族社会过渡的时期。

今天全世界都知道，中国人填海造地的技术非常高超，他们不知道的是，这种事我们已经干了好几千年了。

第 53 弹

喜神：长胡子的美女神仙

中国人有事没事喜欢讨个“吉祥”。这本来是无所谓有，或无所谓无的事情。可是发展到后来，居然变成了一种紧迫的心理需求。所以，我们发明了“喜神”这个比较吉祥的神，来保佑我们内心里美好的愿望。

在中国民间传说里，喜神原本是拜北斗星君的一个虔诚女子，修道成仙后，北斗星君询问其所求，女子以手抿口，笑而不答。北斗星君误以为她祈要胡须，就赐了她长须。因她笑时呈喜像，而封为喜神。

喜神专司喜庆，却不显神形，最大的特点是没有具体形象，也没有专门的庙宇，高度抽象。这是因为女孩子生长须不太好看，所以喜神不想让凡人看到自己的形象。

每年大年初一，对于寻常百姓来说，吃过早饭就要上街相互拜年了。见面后祝对方生意兴隆、财源茂盛之类。但是在旧社会，妓女是个例外，毕竟卖身不是什么光彩的生意，祝生意兴隆似乎有讥讽之意。所以，这种礼节一般没有妓女的份儿。

怎么办呢？妓女们就开始想办法，她们纷纷拉上自己的相好，去“走喜四方”。她们迷信地认为，这时候如果遇见喜神，一定能保佑自己这一年身体健健康康，行事顺顺利利。

那怎样才能遇见喜神呢？首先要确定喜神从哪个方向来。古人认为，公鸡打鸣的地方便是喜神的方位。

《宣汉县志》记载：“正月元日鸡初鸣时，祀喜神于其方，曰‘出天行’。”

朝着公鸡打鸣的方位进行祭拜，就算是遇见喜神了。在此时，许下的愿望也多半会实现，就像现在对着流星许愿。至于究竟能不能实现呢？因为人一般也不会许那种尺度十分精准，或者超出可能的愿，比如赚一个亿之类，所以，实现不实现，多半是靠自己的内心感觉了。

除了风月场所，祭拜喜神更是世俗婚庆中一个不能缺少的环节。

北宋有《四喜诗》说：“久旱逢甘雨，他乡遇故知；洞房花烛夜，金榜挂名时。”智慧绝顶的老祖先还把人生四喜食物化，制作了一道饕餮美食——四喜丸子。

古人不但把婚事当作人生大喜，甚至还把洞房花烛夜比喻为“小登科”，洞房如中举一样令人激动，按照旧俗，当然要拜喜神了。但是洞房花烛夜，不可能等到鸡叫，拜哪个方位才算呢？这时阴阳术士就登场了，口念咒语，双手挥舞，一通耍宝之后，算出了喜神的方位，然后再引领一对新人祭拜，接下来就尽享人生之大喜了。

再后来，人们苦于喜神太抽象，于是考证出和合二仙便是喜神。

和合二仙，为寒山、拾得二位高僧的菩萨化身，也是无锡民间吉祥大阿福的映射。传说他们的宝盒之中装满金银财宝，这就是和气生财的来源。又因二人形影不离，和睦、美满、如意，人们便在结婚时挂上他俩的画像，以期夫妻恩爱和睦。所以，很多地方也把他们当喜神来祭拜。

在安徽贵池傩戏里，傩舞“舞和合”也是专门表现喜神的一曲古舞。

舞中二角“和合”皆是笑脸童子样，是典型的大阿福和合形像。

而在云南保山、南涧等地，新婚之家常贴的门画“和合喜神”则不一样。保山和合喜神如一男一女，身体相合如一体，旁又立有二童子。南涧和合喜神是一男一女，男披袍戴帽，足蹬朝靴，女头戴花冠，绣服宫装，二人身合一体，左右立童子，形式别致。

“喜”字按《说文解字》解释为：“乐也。”

乐者，五声八音总名。五声指：宫、商、角、徵、羽。八音指：金、石、丝、竹、匏、土、革、木。两者均出自《周礼》。五声八音，囊括了肉声的直接表达和器乐的间接表达，而这一组总和就叫作“喜”，由此可见古人对喜的重视。

“福、禄、寿、喜、财”是吉祥文化的核心内容，反映了中国农耕、手工业时代的吉祥观念。了解中国文化，先从吉祥文化入手，不会出错。

第 54 弹

灰姑娘的老家在中国?

童话故事里的灰姑娘，很多人都很熟悉。然而跟现实中的人一样，故事里的人经过生老病死、轮回辗转之后，就变了样子，与本来的面貌大相径庭。

比如孙悟空，在小说《西游记》问世之前，他已经存在了很久，但一开始并不叫齐天大圣。在元杂剧《西游记》中，孙悟空号称“通天大圣”，“齐天大圣”是他的大哥，并且他有兄弟姐妹，还娶了金鼎国公主做媳妇。而在元杂剧《二郎神锁齐天大圣》中，孙悟空并不是一个敢作敢为、毫不畏惧具有反抗精神的英雄，他被二郎神打败后，为了逃脱惩罚，跪在紫微大帝面前求饶“上圣可怜见，小圣误犯天条，望上圣宽恕小圣这一遭者！”才被赦免。

这样一个孙悟空，其人格魅力就大打折扣了。吴承恩肯定也是看不过眼，才在小说里把他重新塑造成现在的模样。

灰姑娘也是如此，早期灰姑娘的故事并不是天真无邪的童话，而是充满了血腥和残忍。传说中，她为了穿上水晶鞋，甚至削掉了自己的脚指头。在她与王子的婚礼上，她的两个姐姐还被飞来的鸟把眼睛给啄瞎了，彻底成了一个复仇故事。故事里的灰姑娘，也不像后来那么善良。

有人问了，灰姑娘是人家欧洲童话，你讲中国神话怎么讲到欧洲去了？不着急，听我慢慢道来。

大家熟知的灰姑娘，的确是出自《格林童话》，是格林兄弟在19世纪整理的欧洲民间故事。但不为大多数人所知的是，在一千多年前，也就是9世纪，我国的《酉阳杂俎·支诺皋上》就记载了这个故事，与《格林童话》版几乎一模一样。

中国版灰姑娘的名字叫吴叶限，故事发生在秦汉之前的南方。吴叶限的父亲去世了，她与后妈及其女儿生活在一起。失去父亲的叶限孤苦无依，只能和一条金鱼做朋友。金鱼在她的悉心照料下，长得非常大。她的后妈知道了，便穿上叶限的旧衣服，把鱼哄来后，抓住杀掉吃了，把鱼骨埋到了粪堆里。

叶限见不到金鱼，特别伤心，这时有神人从天而降，告诉她找到粪堆下的鱼骨，以后想要什么就向鱼骨祈祷，愿望就会被满足。有了神人加持，叶限姑娘的日子过得越来越舒服。

有一次，当地举办盛大的节日庆典。后妈和女儿去参加盛会，让叶限在家守护果园。等她们走远之后，叶限就跟鱼骨要来美丽的衣服和金鞋，也去参加庆典。在庆典现场，后妈的女儿认出了叶限。叶限匆忙跑回家，半路上跑丢了一只金鞋。

金鞋被当地洞人捡到，卖给了陀汗国的国王。国王发现鞋子虽然是金子做的，却比羽毛还要轻，非常惊异，让人来试穿金鞋，却发现没有人能够穿得上。国王就四处寻访能够穿上金鞋的人，经过一番曲折，最后找到了叶限，让她穿上了金鞋。结局是，叶限带着鱼骨嫁给了陀汗国王，后妈和她的女儿被石头砸死，是不是与欧洲版灰姑娘一样血腥？

与欧洲版王子公主过上幸福的生活不同，中国版灰姑娘还有后来的故事。叶限只不过成为陀汗王众多妻子中的一个而已，后来，鱼骨还被陀汗王拿走，最后因为他的贪欲，鱼骨失效了。

两版灰姑娘具有几乎相同的故事梗概，反面人物都是后妈，都不让灰姑娘参加盛会，都有一个天降神人的出现，满足灰姑娘的各种愿望，线索都是丢失了一只鞋，无论是金鞋还是水晶鞋，都是只有灰姑娘本人才能穿上，最后都嫁给了王子或者国王。

如此一致的故事情节，不由让人猜想这本来就是同一个故事。中国版灰姑娘比格林童话早了一千多年，那么最大的可能就是，中国的故事流传到了欧洲，被改编成了西方的童话。因为唐宋时期，中国南方和阿拉伯地区的海上贸易十分频繁，故事很可能随着海上丝绸之路传到了欧洲。

灰姑娘的故事之所以广为流传，主要是满足了下层劳动人民对上流社会生活的幻想。灰姑娘嫁给王子，过上幸福的生活，应该是每个女孩子都幻想过的情节。放到现在就是网络小说或者影视剧里“霸道总裁爱上我”的故事。

吴叶限的故事之所以被淹没，有很多原因，古典文化传承的断裂是其中很重要的原因。兴扬之所以要写这本书，不是我懂得多，也不是写得好，而是想通过这种方式，给年轻的朋友们一个引子，让大家能更多地关注中国民间文化，关注中国民间的好故事。

第 55 弹

千里眼和顺风耳

前面讲的神仙，不是资历深厚的上古大神，就是位高权重的天庭大仙，或者是跟我们日常生活紧密联系的基层神仙。但是有一些神，职位不高，也没有很具体的职能，老百姓平常根本用不上，可是名气却不小。比如，千里眼和顺风耳。

这两兄弟在民间的名气相当大，几乎可以说是家喻户晓，老少皆知。但想考证其出处，却甚为模糊。民间传说，千里眼和顺风耳本来是一对亲兄弟，哥哥叫高明，弟弟叫高觉，原为棋盘山的桃精与柳精幻化成人形，下山投靠了商纣。

武王伐纣初期，两军交锋，高明眼睛能看到千里外之物，高觉耳朵能听到千里外声响，使得周武王的战略都能被纣王预知，所以周军好几次都大败而归。

还有一个“十兄弟”的传说，被香港人改编成了电影。相传有一个妇人一口气生了十个儿子，各有奇能，分别是顺风耳、千里眼、大力士、钢头、铁骨、长腿、大头、大足、大嘴、大眼。

一天，兄弟十个在地里干活，老大顺风耳忽然听到哭声，忙叫千里眼站起来瞧瞧。千里眼一看才知道，秦始皇为了修长城，奴役民工，民工们又累又渴，哭号遍地。

于是，他们派大力士前去代工，半日内就把所有人的活儿都干完了。秦始皇见他力大无比，怕他作乱，想要砍他的头。于是，钢头便代替大力士，怎么都砍不动。又用棍来打，铁骨上来顶，白白弄断了几根大棍。把他扔进海里想淹死，结果长腿来顶替，大海的水才能没过小腿，长腿还顺便捞起鱼来。

鱼越捞越多，便拿大头的帽子来盛鱼。哥儿几个带着鱼回家，要炖鱼吃，可是没有柴火，大足便从自己的脚上拔了一根刺当柴，足足有一棵树那么粗。

鱼炖好后，大嘴尝了一口就吃光了，结果还不够填牙缝的。大眼气哭了，眼泪滚滚，汇成江河，摧毁长城，秦始皇也被卷入了大海里。

这则故事与秦朝修长城有关，所以产生的时间应该不会太晚。

还有一种传说，指千里眼与顺风耳本是金精、水精所化。根据《天妃显圣录》说，金精具有火眼，能见千里之外的事物；水精听力灵敏，能听见千里外的声音。两个精怪经常出没西北，为害民众，后来经妈祖出面收服，于是二人便成了妈祖的部将。

元代话本《武王伐纣平话》和明代神魔小说《南游记》又把顺风耳和千里眼进一步形象化，落实到了“师旷”“离娄”这两个具体的人身上。

师旷和离娄二人并称“聪明二大王”。师旷确有其人，是春秋时期著名音乐家，曾任晋国乐师，虽然双目失明，却精于音律，弹琴辨音的能力很强。

相传有一次，宫里造了个大乐钟，调校音准时，别的乐师都认为音准没问题了，只有他听出了有一处错音，据理力争，后来经过检验，果然证明了他是对的。

他最厉害的是能从人的话音里听出健康问题。有一次，他就从太子晋的声音里听出他“不寿”，果然没出三年，太子晋真的夭亡了。其能力可见一斑。

相比于师旷，离娄是一个传说中的人物。相传他是黄帝时候的人，有一次黄帝丢了一颗黑色的明珠，便叫离娄来找找看，离娄一眼就把明珠找到了。

离娄能在百步之外看见秋毫之末。什么是秋毫之末，就是秋后鸟儿刚长出来的细毛的毛尖。这视力简直就是一架高倍望远镜，所以被人称为“千里眼”。

无论在哪个传说中，千里眼和顺风耳都算得上是传奇人物，他们能够把天底下发生的事情“尽揽于眼，收于耳”。孙悟空出世时，引起天地异变，玉皇大帝就派千里眼、顺风耳去打听。按道理来说，以玉帝的法力，能掐会算，根本不需要让人去打听，但这是个程序。

天子之职，莫大于礼，礼就包含程序正确。各安其位，各司其职，天地才能有规律运转。你玉帝再厉害，也不能抢下面人的工作，否则就会寒了神仙们的心。

第 56 弹

《山海经》里乾坤大

《山海经》是本很奇怪的书，记录了各式各样的奇山异水和奇珍异兽。其成书时间和作者，至今来说都是迷雾重重。以至于在很长时间里，人们都认为《山海经》只是古代人的臆想。直到近现代之后，随着科学的发展，人类视野的不断扩大，人们开始重新认识这本书。

《山海经 · 南山经之首》里说：“杻阳之山……有兽焉，其状如马而白首，其文如虎而赤尾，其音如谣，其名曰鹿蜀，佩之宜子孙。”

就是说有一种动物长得像马，但头是白色的，身上有老虎一般的花纹，但尾巴是红色的，名字叫鹿蜀。

在中国并没有发现鹿蜀的踪迹，但是在非洲中部的扎伊尔森林，一种叫獾狮狓的动物，完全符合《山海经》中的描写。这种动物在1901 年才被人发现。

《山海经 · 海内南经》里说：“兕在舜葬东，湘水南。其状如牛，苍黑，一角。”

《山海经》中的湘水南，从地理位置上来看，说的就是中国东南部。颜色苍黑，有一角，说的就是犀牛。中国现在没有野生犀牛了，不过在古代，南方一直有犀牛。楚辞《九歌 · 国殇》中说“操吴戈兮披犀甲”；

《道德经》中说“陆行不遇兕虎”，都是在说犀牛。

我们再看《山海经 · 西山经》，里面记载：“有鸟焉，其状如鸮，青羽赤喙，人舌能言，名曰鹦䳇。”

名字直接就叫鹦䳇，描述与绯胸鹦䳇几乎一模一样。这种鸟今天还生活在中国的四川、云南、海南、广西、广东及西藏东南部地区。

《山海经 · 大荒南经》里还说：“有人焉，鸟喙，有翼，方捕鱼于海。大荒之中，有人名曰驩头。鲧妻士敬，士敬子曰炎融，生驩头。驩头人面鸟喙，有翼，食海中鱼，杖翼而行。维宜芑苣，穋杨是食。有驩头之国。”

《大荒南经》所涉地区寓意着极南之地，看到如同人一样直立行走、生鸟嘴、有翅膀的动物，还在海中食鱼，南极企鹅的形象跃然纸上。

美国学者默茨曾经对《山海经》进行过仔细考证，她认为，美洲的山脉走向与《山海经 · 东山经》中描写的山脉走向一致。

我们无法想象祖先是如何去到这么遥远的地方的。可不可以说，在哥伦布之前几千年，我们祖先就发现了美洲大陆？

《梁书 · 诸夷海南诸国》里说：

> 扶桑国者，齐永元元年（499年），其国有沙门慧深来至荆州，说云：“扶桑在大汉国东二万余里，地在中国之东。其土多扶桑木，故以为名。”扶桑叶似桐，而初生如笋，国人食之。实如梨而赤，绩其皮为布，以为衣，亦以为锦。作板屋，无城廓。有文字，以扶桑皮为纸。无兵甲，不攻战。

很多人认为，这描述的就是美洲大陆上的植物和居民生活。

早在战国时期，阴阳家邹衍就提出外九州和内九州之说。他认为当时华夏民族生活的九州，只是世界的一部分，外面还有九州。

中国古人对和世界交往有着极大的热情，在楚墓里就发掘出用西亚玻璃做的蜻蜓眼。在今阿尔泰山西麓巴泽雷克发掘的游牧民族贵族墓葬里，发现了标准的楚国四山镜和丝绸刺绣物品，上面花纹的刺绣工艺和长沙烈士公园战国楚墓出土的龙凤纹路刺绣相同。

所以说，中国古人和世界的交往程度，超出我们的想象。

西汉刘歆在《上〈山海经〉表》中说："（《山海经》）内别五方之山，外分八方之海，纪其珍宝奇物异方之所生，水土草木禽兽昆虫麟凤之所止，祯祥之所隐，及四海之外，绝域之国，殊类之人。"说明他已经认为《山海经》是一本地理博物书籍，而不是臆想出来的奇谈怪论。

现在看来，《山海经》可能汇聚华夏先民在不同时间的记录，汇集了多方资料。虽然其中有缺失，也有限于认识条件的谬误，但先民对世界的探索从未止步。反而是后来，朝廷以中央大国自居，故步自封，闭关锁国，丧失了包容和开放，导致在近代落后于西方。

第 57 弹

天才就是供世界传颂的

我们这个民族，向来不缺天才，但奈何总是天妒英才。

余闲时翻古书，看到一个个聪慧的天才早夭的故事，不免掩卷沉思，一个人究竟能聪明到什么程度，才能被天所嫉妒？

说到少年天才，在传统评书里有一套贯口，什么安安七岁在绿林，周瑜九岁把兵行，甘罗十二当宰相，解缙十四入朝门……这几个人，除了周瑜，很多人都不熟悉。大家熟悉的还是小学课本里，曹冲称象、孔融让梨和司马光砸缸的故事，这三个人确实是天才，但天才得还不够。

还有一种天才，是被封了神的天才，甚至是圣人之师，他就是项橐。

《三字经》记述："昔仲尼，师项橐，古圣贤，尚勤学。"后世尊项橐为圣公，就是因为孔子拜项橐为师的事。

最早记载此事的是《战国策 · 文信侯欲攻赵以广河间》，甘罗曰："夫项橐生七岁为而为孔子师。"《淮南子》《史记》《新序》《论衡》等书也记有此事，但寥寥几语，对项橐生平及请教的内容并无记录。

敦煌文献《孔子项讬相问书》最早详细记载了项讬（橐）与孔子的问答内容，包括何以不戏、何不避车、年少知事、何山无石、共游天下、平却天下、屋上生松、夫妇与父母谁亲、鹅鸭何以能浮等一些列问题。孔子被一一难倒，叹曰：“方知后生实可畏也。”

但项橐的成神经历，并不仅仅因为他能难倒孔子，也与他的早夭有关。相传，项橐年仅十岁，便夭折而亡，如斯神童，不得不引来人们一片惋惜。所以他死之后，就开始神化，被称为“先圣大王”和“小儿神”。

秦汉时已经开始给项橐盖庙供奉，而到了明代，项橐更是得到了广泛的祭祀和崇拜。

明代黄瑜所著《双槐岁钞·先圣大王》里说：

> 保定……西北四十五里为满城县，县之南门有先圣大王祠……神姓项氏名讬，周末鲁人，年八岁，孔子见而奇之。十岁而亡，时人尸而祝之，号“小儿神”。

这段记载很简明扼要，就是说一个鲁国的小孩，八岁（应为七岁）时见到孔子，孔子夸他是天才。然后他十岁就死了，人们为了纪念他，便叫他“小儿神”。

细思极恐，圣人刚刚才夸赞了，他就死了，像不像现在所说的“捧杀”？或者也可以这么说，遇见孔子的那一刻，他灵光乍现，神灵附体，难倒了孔子，但也泄露了天机，所以上天又把他收了回去。反正无论哪种说法，总之是夭折了。

汉语里有两个成语：天妒英才，红颜薄命。唐代诗人白居易有诗句：“大都好物不坚牢，彩云易散琉璃脆。”凡是好东西都不久远，无论是天才，还是美女。

“初唐四杰”之一的王勃，年纪轻轻就写下“落霞与孤鹜齐飞，秋水共长天一色”的千古佳句，却在二十六岁因病去世。骠骑将军霍去病，十七岁封冠军侯，二十二岁拜大司马，所向披靡，二十三岁就英年早逝。才高八斗的三国诗人曹植，四十岁郁郁而终。与李白、李商隐并称“三李”的唐朝“诗鬼”李贺，二十七岁病故……人们想不通，为什么有如此才华的人，都不能寿终正寝？找不到原因，只能归结为天妒。

被天嫉妒，怎么还可能长寿呢？

不过，中国还有一句诗：“自古美人如名将，不许人间见白头。”说的是再美丽的人，衰老之后也不再好看；再强壮的将军，年纪大了也会体力不支。

所以，将军最好的归宿，就是趁着壮年，在战场上浴血奋战马革裹尸。美人最好的结局，是在红颜将逝之前，悄然隐去，把最美好的留给世界，供世人传说吟唱。

第 58 弹

举头三尺有神明指的是谁?

都说中国人没有信仰，或者说中国人的信仰特别功利化，总爱临时抱佛脚。其实这是误解，中国人没有单一的造物主信仰，并不代表中国人没有信仰。中国民间的宗教仪式，不比任何一种宗教少。中国老百姓有自己独到的信仰方式，他们并不认为神就是全知全能的，而是认为神跟人一样，也是一种工作，各司其职。对神崇敬，并不一定非得时时刻刻挂在嘴上，而是记挂在心里。

比如有一句老话叫作“举头三尺有神明”，就能说明这个道理。我们为人处世，并不是随心所欲，而要时刻谨记头上有“天眼”在监督。基督教徒有忏悔的习惯，做了错事儿要去教堂和上帝讲讲话，但中国老百姓不用，因为我们相信，每个人所做的一切都在神的眼里，因为“天知，地知，你知，我知”。

“举头三尺有神明”并不是说我们头上一米高的地方住着一个神，而是对天地神明时刻怀敬畏之心，让我们能够约束自我而不作恶。

那举头三尺负责监管的神灵是谁呢?

我们先看《太上感应篇》里的一段话:

是以天地有司过之神，依人所犯轻重，以夺人算……又有三台北斗神君，在人头上，录人罪恶，夺其纪算。又有三尸神，在人身中，每到庚申日，辄上诣天曹，言人罪过。月晦之日，灶神亦然。

天地之间有专门的司法神，根据人作恶的轻重来给予刑罚。另外，还有三台北斗神君在人头顶，记录人的罪恶。还有三尸神，住在人体内，到时间就向天曹报告，说人的过错。在阴历的月末，灶神兼职干这个事。

在这里“司过之神”的具体名字没有列出，但后续直接点明录人罪恶的三种神灵：三台北斗神君、三尸神和灶神。

首先来说三台北斗神君，也就是三台星君。三台星君源于星斗崇拜。三台星一共有六颗，两两为一组，围绕紫微星（北极星）旋转。中天紫微大帝是星斗崇拜中最尊崇的神灵，三台星围绕紫微星旋转，就如同臣子拱卫帝王一样，随着四季的运行而周转不息。

道教有句咒语叫“太上台星应变无停，驱邪缚魅保命护身”，意思就是至高无上的三台星君，随着季节变化终年无休，可祛除邪魅，保命护身。

星斗崇拜认为天相也映射人心，三台星君的名字分别是司命、司空、司禄，掌管着人的命运福禄。由于三台星周转不息，抬头就可以看到，紫微星又代表帝王，帝王周围的星官，自然就有监察人间善恶的权力。

在天有三台星君，在人的体内，有三尸神。

三尸神又称“三彭”，分别名为上尸、中尸、下尸，居于上、中、下丹田。他们生于神魂之物，并不是实体存在，也寓意着人的意志本身。每到庚申日，就向上天举报人犯下的罪过，也就是说，两个月汇报一次。

《太上三尸中经》这样记载：

> 上尸名彭倨，在人头中，伐人上分，令人眼暗、发落、口臭、面皱、齿落；中尸名彭质，在人腹中，伐人五脏，少气多忘，令人好作恶事，啖食物命，或作梦寐倒乱；下尸名彭矫，在人足中，令人下关搔挠，五情勇动，淫邪不能自禁。

所谓天人感应，三台星君映照星宿，反映到人身，就是三尸神记录人的罪恶。还有上尸令人多思欲，中尸令人好饮食，下尸使人好淫色的说法。道教修行，就要约束甚至消灭三尸神才能修成正果，寓意着要减少自身欲望，从内在约束好自我。

三尸神监管的是内在的想法，一旦念头成真，三尸神就成形。所以，约束好三尸神，三尸神不作乱，人本身就不会作乱了。

我们常说的无愧于心，也就是这层意思。

第 59 弹

凤凰会涅槃吗?

人有一种奇异的功能——以讹传讹。就是说一件事,我本来没见过,只是听别人说了,就以为是真的。不仅相信,还要再通过我的嘴传播出去,更要加上二次创作,以至于一件乌有之事,后来竟然被传得有鼻子有眼,宛如亲见。

比如凤凰涅槃的传说,感觉每个人都知道,每个人都觉得这是中国上古传说。可事实呢?这个传说产生不到一百年,是诗人郭沫若写《凤凰涅槃》时创造的,诗中说凤凰每五百年自焚为灰烬,再从灰烬中浴火重生,循环不已,成就永生。

郭沫若的这首诗,读过的人可能不多,但他创造的这个“典故”几乎无人不知。

其实郭沫若先生笔下的凤凰,并不是中国上古的凤凰,而是西方传说中的不死鸟。两种鸟虽然都很神圣,但并不是一个物种。凤凰无须浴火重生就可以长生,而不死鸟需要每五百年自焚一次才能维持生命。

明代意大利传教士艾儒略所译的《职方外纪》曰:

传闻有鸟,名弗尼思(Phoenix),其寿四五百岁,自觉将终,则聚干香木一堆，立其上。待天甚热，摇尾燃火自焚矣。骨肉遗灰变成一虫，虫又变为鸟。故天下止有一鸟而已。

其中的弗尼思就是不死鸟，每当不死鸟预感自己死亡将至，就会用香木来筑巢，燃火自焚，然后变成一条虫，虫又化作鸟，获得新生。

关于凤凰与不死鸟的混淆，钱锺书先生曾回答过这个问题，他说：

这算什么根据？是郭沫若1921年自己编出来的一首诗的题目。三教九流之外的发明，你哪里找去？凤凰跳进火里再生的故事那是有的，古罗马钱币上有过浮雕纹样，也不是罗马的发明，可能是从希腊传过去的故事，说不定和埃及、中国都有点关系……

在希腊神话中，Phoenix被描写为鹭，是一种生活在阿拉伯荒漠的神鸟，体大如鹰，有金、红两色羽毛，艳丽无比。而古埃及人则把Phoenix描绘成和鹰一般大小，全身长有金色羽毛，具有闪光的翅膀和斑斓的外表，鸣声悦耳。

中国的凤凰长什么样子呢？张华的《禽经》描述为：

凤雄凰雌。凤，鸿前，麟后，蛇首，鱼尾，龙纹，龟身，燕颔，鸡喙，骈翼。首载德，顶揭义，背负仁，心抱忠，翼夹信，足履正。小音钟，大音鼓。不啄生草，五采备举。飞，则群鸟从。出，则王政平，国有道。

由外形我们就可以判断，不死鸟绝对不是凤凰。

凤凰源于中原文化，出土的魏国文献《竹书纪年》中，就有凤鸣岐山的记载：

> 文王梦日月著其身，又鸑鷟（凤凰的一种）鸣于岐山。孟春六旬，五纬聚房。后有凤凰衔书，游文王之都。

中国神话里有很多神鸟，除凤凰以外，还有朱雀、金翅大鹏鸟等。

那么凤凰、朱雀、金翅大鹏鸟谁更厉害呢？我们要明白，凤凰是神鸟，朱雀却是神兽之一，代表南方，身份比凤凰更为尊贵。在天上，朱雀所代表的南方七宿为井、贵、柳、星、张、翼、轸。《尔雅 · 释天》云："柳，鹑火也。"鹑火所代表的是柳、星、张三宿，《鹖冠子 · 度万》中又说："凤凰者，鹑火之禽。"

从此推断，凤凰其实是朱雀的下属，《礼记 · 礼运》中就说："麟、凤、龟、龙，谓之四灵。"四灵其实是白虎、朱雀、玄武、青龙四神在人间的投影，神兽和灵兽，还是有天壤之别的。

而金翅大鹏鸟则是印度传说。在印度史诗《摩诃婆罗多》里，金翅大鹏鸟为解除其母的奴隶身份而与蛇族打赌，以夺取天界甘露来换取母亲和自身的自由。最终，它成功从天界因陀罗处取得甘露，争取到自由的同时，终生以蛇族为食。

在这里我们还要澄清一点，印度传说里是没有龙的。翻译过来的"天龙八部"中的"龙"，实际上是蛇，也就是那伽。那伽头形酷似眼镜蛇，是长身无足、无角，并且有剧毒的水属精怪类生物，居水中和地下。

可以说金翅大鹏鸟是一种食蛇的鸟类，却并没有达到对应天地四灵的地步，更没有和朱雀相较的可能性，属于区域性神鸟而已。

《淮南子·坠形训》说：“羽嘉生飞龙，飞龙生凤皇，凤皇生鸾鸟，鸾鸟生庶鸟，凡羽者生于庶鸟。”所以凤为百鸟之长，大鹏鸟再大，也得受凤凰管辖。

第 60 弹

想发财先把穷神送

老百姓用一些仪式表达自己对美好富足生活向往，比如迎财神、送穷神等，本应该是一种天然的权利，却经常被贴上封建迷信的标签，大加批判和指责。

旧历年过完，老百姓祭完玉皇大帝和列祖列宗之后，最热闹的一个仪式，就是迎财神了。而在迎财神之前，当然要先送穷神，这个仪式一般在正月初五或者初六举行。

送穷神由来已久，宋代陈元靓所著《岁时广记 · 号穷子》载：

> 昔颛帝时，宫中生一子，性不着完衣，作新衣与之，即裂破以火烧穿着，宫中号为穷子。其后以正月晦日死，宫人葬之，相谓曰："今日送却穷子也。"

相传穷神，乃是颛顼之子。他生下来就喜欢穿破衣烂衫，即使将新衣服给他，他也会扯破或用火烧出洞后才穿，因此宫里的人都喜欢叫他为穷子。

有人爱穿绫罗绸缎，有人就爱穿破衣烂衫，就像现在有的人在牛仔裤上开破洞，人家喜欢，外人管不着。但是中国老百姓有穿新衣过新年的讲究，所以大正月一定得穿新衣服，哪怕穷得穿不起新衣服，也得买一条新围巾，或者新鞋新袜子。《白毛女》里有穷人杨白劳的唱段：“人家的闺女有花戴，你爹我钱少不能买，扯上了二尺红头绳，我给我喜儿扎起来。”由此看出，哪怕红头绳也得弄根新的。

既然这么讲究，那看见破衣烂衫的穷鬼，自然就要送出门去。

送穷还有许多别称，诸如送五穷、赶五穷、送穷土、送穷灰、送穷媳妇出门。

显然，“五”关系到日子，而“穷”则是过年以来积聚的垃圾。中国人讲究初五之前不倒垃圾，否则就是把喜气倒出去了。到了初五，积攒了几天的垃圾一起倒，寓意为把所有的穷全都送走。

穷神的身份也很多，还有传说穷神为高阳氏子瘦约的，或者姜子牙之妻的，不同的地方，送的穷神也不同，但表达的愿望是一样的。

清代蒲松龄还专门写过一篇送穷神的文章《除日祭穷神文》，我把全文抄录下来，有兴趣的朋友，明年过年的时候，可以念念。

> 穷神，穷神，我与你有何亲，兴腾腾的门儿你不去寻，偏把我的门儿进？难道说，这是你的衙门，居住不动身？你就是世袭在此，也该别处权权印。我就是你贴身的家丁、护驾的将军，也该放假宽限施施恩。你为何步步把我跟，时时不离身，鳔粘胶合，却像个缠热了的情人？
>
> 穷神！自从你进了我的门，我受尽无限窘，万般不如意，百事不称心，朋友不上门，居住在闹市无人问。我纵有通天的手段，满腹的经纶，腰里无钱难撑棍。你着我包内无丝毫，你着我囊中

无半文，你着我断困绝粮，衣服俱当尽，你着我客来难留饭，不觉得遍体生津，人情往往耽误，假装不知不闻。明知债账是苦海，无奈何，上门打户去求人。开白、五分行息，说什么奉旨三分，到限期立时要完，不依欠下半文。无奈何，忍气吞声，背地里恨。自沉吟：我想那前辈古人也受贫，你看那乞食的郑元和，休妻的朱买臣，住破窑的吕蒙正，锥刺股的苏秦。我只有他前半截的遭际，那有他后半截的时运？可恨我终身酸丁，皆被你穷神混！

难道说，你奉玉帝敕旨，佛爷的牒文，摆下了穷神阵把我困？若不然，那膏粱子弟，富贵儿孙，你怎么不敢去近？财神与我有何仇？我与足下有何亲？您二位易地皆然，我全不信。

今日一年尽，明朝是新春，化纸钱，烧金银，奠酒浆，把香焚。我央你离了我的门，不怪你弃旧迎新。

正月初五一大早，把垃圾端上，嘴里念叨着此文，出门向南走九十九步，倒掉垃圾，转身回家，绝不可回头看。

但是我也要提醒，千万别乱倒垃圾，该分类分类，该回收回收，穷要送，公德也要讲。

第 61 弹

门神：隔墙有邪祟

春节是我们中华民族的传统节日，为了过年，从腊月二十三就要准备，一直到除夕当天。现在生活变了，很多仪式化的东西都简化了，不过贴对联却从未省略。而在以前，除了贴对联，每家每户还得贴门神。

门神是最受民间欢迎的神仙之一，我们大家熟悉的门神是两位唐朝将军——秦叔宝和尉迟敬德。那么在唐朝之前，有没有门神呢？当然有。

周朝的时候，就已经出现了“祀门”的活动，而且是一项极为重要的大典。无论天子还是庶民，都要对门神加以礼敬。

《山海经》里有这样一段记述：

> 沧海之中，有度朔之山，山上有大桃木，其屈蟠三千里，其枝间东北曰鬼门，万鬼所出入也。上有二神人，一曰神荼，一曰郁垒，主阅领万鬼，恶害之鬼执以苇索而以食虎，于是黄帝乃作礼，以时驱之，立大桃人，门户画神荼、郁垒与虎，悬苇索以御凶魅。[4]

[4] 本段内容在流传下来的《山海经》中已佚，为《论衡·订鬼》引《山海经》。

说的是在沧海之中，有一座神山叫度朔山。度朔山上有一株特别大的桃树，盘曲三千里，在枝干延伸出去的最东北处，有一座鬼门，那里是万鬼出入的门户。而把守着鬼门的两位神将，一位叫神荼，一位叫郁垒，他们会把害人的鬼用苇绳捆起来喂虎，于是被黄帝请做门神。

桃树自古是美好的象征，《诗经·周南·桃夭》云“桃之夭夭，灼灼其华”。于是，桃子在人们心目中，也逐渐成为一种灵物，成为多子多福的象征，而且古人对桃的崇拜，还上升到辟邪驱邪的高度。

《太平御览·果部·桃》引《典术》云：“桃者，五木之精也，故厌伏邪气者也。桃之精生在鬼门，制百鬼，故今作桃人梗着门以厌邪，此仙木也。”这里所说的桃人，就是神荼和郁垒的化身。

关于这二神的来历，多是来自民间传说。相传，远古黄帝时期，黄帝不仅管理着人间，还管理着鬼界。对那些游荡在人间的孤魂野鬼，黄帝就指派了两员神将来统领，就是神荼、郁垒二兄弟。

民间传说，鬼只能在夜间活动，在天亮鸡叫之前，必须回鬼国。二位神将要是发现有恶鬼祸害人间，就用苇索捆起来，扔到后山喂老虎。因此，鬼最怕的四个东西是：神荼、郁垒、公鸡和老虎。

在此之后，又出现一位专门捉鬼、吃鬼的门神，这便是家喻户晓的钟馗先生。钟馗自唐时诞生，就以其狰狞吓死鬼的面貌，受到人们的喜爱。很快，人们便将其像画于门上。随着志怪小说的兴起，钟馗也迅速取代了前面那两位门神的地位。

而以武将为门神也有着悠久历史。《汉书·景十三王传》载：“殿门有成庆画，短衣大绔长剑。”成庆就是古代的一位勇士。

唐以后，出现了两位大名鼎鼎的门神，这便是我们开头提到的尉迟敬德和秦叔宝。他俩本来是和李世民征战杀伐的英雄，但太宗老了之后，回想起自己一生的杀伐决断，常常噩梦缠身。他心里很害怕，就向群臣讨教该怎么办，臣中有尉迟敬德和秦叔宝，自动请缨为唐太宗护法看门。自此以后，邪祟全清，唐太宗高枕无忧。于是后世沿袭这一做法，尉迟敬德和秦叔宝就一直当门神了。

明清之后，武将门神也出现了地域性，像河北的门神多是马岱、薛仁贵，而陕西的门神则是孙膑、庞涓，此外还有孟良和焦赞，可能因为这二人曾做过强盗，出身不太好，所以一般都贴在牛棚羊圈的门上，来对付那些小偷小摸。河南一带多是赵云和马超。

此外武将门神还有赵公明、岳飞、杨延昭、燃灯道人、韩信、萧何等数十种，总之是依据老百姓自己的喜好，来定制不同的门神。

相对于武将门神，文官作门神的不多，但也有，最有名的就是魏征、包公、海瑞和文天祥等人，取其人浩然正气可镇邪之意。

贴门神时，谁在左谁在右，位置是固定的，不能随意更动。贴错了叫“反贴门神”，按民间的迷信说法，会诸事不顺，总感左右为难。当然只是这么个说法，现在城市里入户门都是一扇，哪儿有什么左右？与其让两个神挤着，不如干脆就不贴了。

第 62 弹

龙肝凤髓究竟是啥味道?

民以食为天，吃得好，是我们一直以来的伟大梦想。而形容美味时，我们常用的一个词语叫：龙肝凤髓。

《西游记》里，孙悟空动不动就吹嘘："想当年大闹天宫时，偷御酒，偷蟠桃，偷龙肝凤髓及老君之丹，那是何等手段！"这段话给人无限的想象空间，口水止不住地流。

中国古代有八珍之说，分别为龙肝、凤髓、豹胎、鲤尾、鸮炙、猩唇、熊掌、酥珞蝉，这些美味以龙肝为首，可见龙肝凤髓之美，绝非空穴来风。

现在我们看不到龙，说不定是被古人吃干净了。

说到吃，最有发言权的是广东人。粤菜中有一道名菜唤作"菊花龙虎凤"，以蛇、猫、鸡为主材做成。其他还有以蛇和猫做成的龙虎斗，蛇和鸡做的龙凤羹等。就是说在广东菜系里，龙肝的味道很可能近乎蛇肝。

而在北方，在"棒打狍子瓢舀鱼，野鸡飞到饭锅里"的东北地区，人们把最美味的榛鸡称为"飞龙"，也就是说这种鸡的肝脏，可能和龙肝很近似。

当然这些都是菜肴家言。如果我们看历史，会知道有御龙氏和豢龙氏，他们为上古帝王养龙，而且刘累还吃过龙肉。很多学者认为他们养的龙，很可能是扬子鳄。前些年我在某海鲜餐厅，见人以小鳄鱼为食，据说只是吃个新鲜，味道不怎么样。不过在这里，我还是要建议大家不要再吃野生动物了。

如果我们单纯以科学角度看，传统博物学将龙划分为众鳞虫之长，就是说龙属于有鳞片的爬行动物之长。以此观之，味道应该和广东人的龙虎斗更相近。

至于凤髓何味？在《山海经·海外西经》中有这样的记载：

> 诸沃之野，鸾鸟自歌，凤鸟自舞；凤皇卵，民食之；甘露，民饮之，所欲自从也。百兽相与群居。在四蛇北，其人两手操卵食之，两鸟居前导之。

“操卵食之”四个字，说明诸沃之野经常有凤凰蛋，也可以推断，凤凰在古人的认知中，并不是什么特别的珍禽，很可能是真实存在的动物，只因稀少，才被视为祥瑞。

目前有这样几种假说，有的认为凤凰的原型就是孔雀，有的认为是鸵鸟或者锦鸡，不过从古人的描述看，凤凰比锦鸡大得多，是孔雀的可能性是有的。

在中华文明的早期，全球尚处于一个温润的气候中，孔雀的分布比今天更广泛。凤鸣岐山，可能就是有孔雀飞到了陕西岐山，当地人虽然知道这是南方的鸟，但它飞到北方来，自然是祥瑞。就像昆明的金马碧鸡坊把孔雀认作碧鸡一样。

后来随着气候变迁，孔雀也开始远离中原地区，人们就开始神化这种飞禽，形成了我们今日的凤凰文化。

这种因为距离而神化的现象，在各个文明都很普遍。譬如中原没有狮子，而我们一直认为狮子比老虎更威猛，甚至有老虎闻到狮子就不敢动的传说。老虎都能吓鬼，那狮子就更能镇宅辟邪了，于是人们就雕石狮子放在门口，时至今日，用石狮子镇宅依旧很常见。

反正龙与凤现在都没人见过，我们只能根据古人的记载，来推断龙肝凤髓的美味程度。也许古人自己也没吃过，只是根据想象来编造了美味，让后人牵肠挂肚。

毕竟，最美味的食物只存在于想象当中。

第 63 弹

喝茶而已，何必分尊卑

现代人喝茶的方式五花八门：有的看着肃穆端庄，却完全不得要领；有的粗糙随意，浪费了好茶；更有甚者，把茶道说得五迷三道，让人无从下口。

要说茶，自然要从茶神陆羽讲起。茶本身作为日常饮料，要比酒晚得多，一开始只是作为药材。在长期的医药实践中，人们渐渐认识到“茶”不仅可以治病，还有解渴安神的功用，稍加炮制，还能散发怡人的香气。

那时候的茶还不叫“茶”，“茶”字是在唐朝时定下来的。《康熙字典》引《魏了翁集》曰：“茶之始，其字为茶……惟陆羽、卢全以后，则遂易茶为茶。”

在唐之前，只有“茶”“茗”等字，《诗经》中就有“谁谓茶苦”的句子。聪明的唐人把“茶”字减去一划，成了“茶”字。

茶是什么时候从药材变为饮料的呢？现在能够考证出的应该是在西汉，考古学家在汉景帝的汉阳陵陪葬坑中发现了一批类似茶具的容器以及树枝状的东西，后经鉴定，那些树枝就是茶叶。西汉王褒所著《僮约》里也有“烹茶尽具”“武都买茶”的句子。

从西晋到隋朝，茶逐渐成为普通人的饮料。关于饮茶的记载也日益增多。《茶经》引《广陵耆老传》曰：“晋元帝时，有老姥每旦独提一器茗，往市鬻之，市人竞买。”这说明茶已逐渐成为市井街巷的饮料。

但要说起正儿八经研究喝茶，把茶当作终生事业的，非唐人陆羽莫属也。

陆羽生活在唐玄宗与唐德宗年间，据说是高寿，但身世坎坷。他一出生就被父母遗弃在一座寺庙旁边，后不堪其苦，逃离寺庙。其间他还做过优伶，就是唱戏，他多扮演丑角，演了一些滑稽戏。他虽然身处下层，但通过自学取得了很高的文学素养，并结识了颜真卿、张志等一批社会名流。

书上记载，陆羽“性嗜茶”，为了研究茶，他游遍祖国大好河山，遍尝各地生产的茶叶，遍尝各地之水。每到一处，他总是事必躬亲，采茶、煮茶、试茶，友人皇甫曾写诗赞他：“千峰待逋客，香茗复丛生；采摘知深处，烟霞羡独行。”

大内皇宫听说民间还有这么一位高人，就赶紧把他招进宫来，拜太子文学，后来还给升了官。但陆羽志不在此，他只有一个心思，就是研究茶。所以也不去宫里上班，一心扑在自己钟爱的茶道之上，历经多年，终于写出了世界第一部研究茶的著作——《茶经》。

《茶经》共三卷七千余字，分源、具、造、器、煮、饮、事、出、略、图十章，是对唐代及唐以前有关茶叶的科学知识和实践经验的系统总结，也是陆羽躬身实践，笃行不倦，取得茶叶生产加工的第一手资料后，又遍稽群籍，广采博收茶家采制经验的结晶。

《茶经》一问世，即风行天下，被时人学习和珍藏。在书中，陆羽除全面叙述茶区分布，茶叶的种植、采摘、加工、品鉴外，还记录了许多由他最先发现的名茶。

这可是了不得的大事，所有喝茶的人，都视陆羽为偶像，纷纷在茶具中间摆上陆羽的像，就像今天追影视明星的人一样。

唐代赵璘所著《因话录》中记载：“陆羽……性嗜茶，始创煎茶法，至今鬻茶之家，陶为其像，置于炀器之间。”

《唐国史补》载：“巩县陶者多为瓷偶人，号陆鸿渐，买数十茶器得一鸿渐，市人沽茗不利，辄灌注之。”

宋代欧阳修所著《集古录跋尾·唐陆文学传》云：“至今俚俗卖茶肆中，常置一瓷偶人于灶侧，云此号陆鸿渐。”

卖茶的都为陆羽塑了真身，放在一旁，那得多大的功德啊。可见当时陆羽受到了多么高的追捧和尊奉。

由此可见，陆羽在世的时候，已有人把他奉为茶神，等他羽化登真后，便顺理成章成了茶神。他写的《茶经》后来传到日本，更是影响了日本的茶道艺术。

其实我们现在的喝茶方式，与古代已经大相径庭。所以我们喝茶，喝的是一种心情，怎么喝都行，无所谓对错，爱不爱喝也无所谓。只是不要受商人误导，以茶分尊卑贵贱，被人收了“智商税”就好。

第 64 弹

金乌有三条腿

在神话传说中，金乌和金蟾都是三条腿，一个来自太阳，一个来自月亮。金蟾我们说过了，那金乌又是怎么回事？

战国时期的天文学著作《甘石星经》明确说：“日中有立人之象。”《楚辞 · 天问》言：“羿焉彃日？乌焉解羽。”《淮南子 · 精神训》曰：“日中有踆乌，而月中有蟾蜍。”

“日中有踆乌”应该就是三足金乌最早的来源，后世高诱注释说：“踆，犹蹲也，谓三足乌；踆音逡。”但考古发掘表明，马王堆汉墓的帛画中，太阳里的金乌是正常的两条腿，那么它是怎么多长出一条腿的呢？

这里就要谈到汉代的谶纬之学。当时，解释宇宙万物的基础是阴阳五行学说，就如同量子力学在当下的位置一样，所有文人雅士都热衷于研究阴阳五行。到了西汉末年，阴阳五行家就结合《道德经》以及诸子百家学说，对世界进行了二次诠释。把世界的一切都用阴阳五行来解释，把和阴阳五行学说无关的东西全都排除在外。

于是西汉末年的纬书《春秋元命包》说：“阳数起于一，成于三，故日中有三足乌。”

或许起初的金乌形象并不是三足，但在阴阳五行学说的影响下，太阳是阳之极致,代表太阳的金乌肯定不能是双数,不可能只有两条腿,三条腿才符合天道与自然规律。所以,金乌就是三足金乌了。

那么月亮为阴,为何金蟾也是三条腿呢?太阳至阳,金乌为三条腿,月亮为太阴,金蟾必然是双数,才能说得通。其实代表月亮的金蟾,一直是四条腿,不仅是月亮上的环形山被古人看成四条腿的蟾蜍,而且因为月亮为阴,四才是阴数。

三足金蟾的传说源于刘海蟾,中国民间流传的“刘海戏金蟾,步步钓金钱”就源于此。刘海蟾曾是吕洞宾的徒弟,常常周游天下行侠仗义,降妖伏魔造福人间。有一天他发现一只蟾蜍成妖,危害人间,就施法砍断了蟾蜍的一条腿。蟾蜍服了刘海蟾,跛着腿成为其护法,将功赎罪。这条蟾蜍经常拉出金钱,为刘海蟾布施穷人所用。

所以月亮上四条腿的金蟾,和我们平常说的三足金蟾不是一只蟾蜍,不能因为蟾蜍长得像,就朝三暮四了。

那么金乌究竟是什么?其实就是太阳黑子。古人观测太阳,发现了太阳黑子,根据其形状附会出人或者鸟,后人以讹传讹,最终定型为金乌。

因为金乌代表太阳,所以地位非常高。传说金乌只是一位上古大能的化身,这位大能就是陆压道人。陆压据说是东皇太一的第十个儿子,九个哥哥都被羿射掉了,留下那个太阳就是他。

陆压的三个化身为大日如来佛、乌巢禅师和三足金乌。《封神演义》里介绍陆压道人为:“先有鸿钧后有天,陆压道人还在前。”当然,陆压道人和鸿钧老祖一样,都是《封神演义》虚构出来的人物,不在道教神话的系统里。

他的一个化身乌巢禅师,就是佛教的过去佛燃灯古佛。乌巢禅师曾在《西游记》里出现,孙悟空想动手,却连他的身都沾不了。

第65弹

黑白无常的帽子

民间传说，阴间有黑白无常勾魂引魄，他们手持镣铐等旧时衙役捆绑人的器具，头戴尖顶帽具，帽上有字。人死之后，他们会如同阳间的狱卒一般，将其押去阴间。

那么，黑白无常的帽子上写的究竟是什么字呢？

网上说黑无常是“正在捉你”，白无常是“你可来了”。这不过是现代人恶搞的谣言而已，听起来不像是阴间的公务员，到像是敲诈勒索的小混混。

黑白无常现在是鬼差，但也曾为人。

白无常名谢必安，笑容满面，身材高瘦，面色惨白，民间尊称为“白爷”，又称“七爷”。黑无常名范无救，面容凶悍，身材宽大，个小面黑，民间尊称为“黑爷”，又称“八爷”。为什么叫七爷八爷呢？因为在他们之前，还有文武判官、牛头马面、枷爷锁爷这六位爷，

七爷和八爷两人是发小，从小就拜为兄弟。两人情同手足，有情有义。

一日，两人走到一座桥下，天欲大雨，七爷要八爷稍待，自己回家拿伞。七爷走后，瓢泼大雨顷刻而至，河水迅速暴涨。在桥下避雨

的八爷身材矮小，不知是因暴雨来得过于迅速，还是不愿失约逃开，就被水淹死冲走了。

等七爷归来时，八爷已经寻不到了。七爷后来见到尸体，顿时痛不欲生，吊死在桥柱下，故白无常是露出长舌的吊死鬼形象。两人死后阴间相见，阎王爷觉得他们兄弟情深，属于义鬼，为了表彰他们，就让他们在阴间当上了公务员。

黑无常和白无常，并称无常二爷。为什么是黑白，不是红绿呢？因为黑白代表的是阴阳，等同于太极图中的黑白色。而太极阴阳的属性之一就是“无常”。

当然也有人说，这是民间捏造出来的故事。谢必安其实是说，酬谢神灵必定安宁；范无救则是犯下恶行之人，必然无救。也就是说，善良之人魂魄转世由白无常接引，而恶人的魂魄转世由黑无常接引。

即使是鬼差，也是正神，所以都希望世界上的人少作恶，多行善，而行凶作恶大都是受经济所迫。所以，黑无常就在自己帽子上写“天下太平”，白无常则写“一见生财”，希望阳间太太平平，世人生活幸福。

有人说他俩也负责抓捕那些不愿入地府的游魂，其实这事儿不归他俩负责。真正负责的是另两位爷——三爷牛头、四爷马面。

第 66 弹

城隍：这片儿我说了算

在中国神话体系中，城隍算是地方长官，职位不高，权力不小，管着一座城的冥界，是地方的政治军事一把手。同时，他还身居掌管生人亡灵、奖善罚恶、生死祸福的司法神，以及护佑城邦的保护神这两个重任，可以说身上的担子还是挺重的。

追本溯源，“城隍”二字由“水庸”衍化而来，是由最初的护城沟渠水的水庸神，升级为城市守护神的。

《博物志》上记载：“处士东鬼块责禹乱天下事，禹退，作三章，强者攻，弱者守，敌战，城郭盖禹始也。”有了城池，就要有人守护，而且原始崇拜认为万物有灵，城市就应该有个守护神。“城隍”这个名词，最早的文献记载可以追溯到《周易·泰卦》：“城复于隍，勿用师。”这里“城”指的是城墙，“隍”指的是护城河，城隍神就是来保护这座城的。

祭祀城隍，首见于班固的《两都赋序》：“京师修宫室，浚城隍。”说的就是城隍神的奉祀。但关于城隍的缘起，古人有始于尧，始于汉，始于三国诸说，但大多无可考也。

有证可考的出自南北朝。《北齐书·慕容俨传》记载，北齐文宣帝天保六年（555年），慕容俨镇守郢城，被南朝梁军包围，梁军以荻洪[5]截断水路供应，形势危急。

> 城中先有神祠一所，俗号城隍神，公私每有祈祷。于是顺士卒之心，乃相率祈请，冀获冥佑。须臾，冲风欻起，惊涛涌激，漂断荻洪。

这是关于城隍神显灵护城的最早记载。

最早载于史册的城隍庙，是三国时修建的芜湖城隍庙，距今已经有1700多年。到南北朝的时候，城隍的影响逐渐增大，各地的城隍庙如雨后春笋般纷纷建立起来。

当时佛教盛兴，佛教有六道轮回之说，所谓六道，即天道、人道、阿修罗道、畜生道、恶鬼道、地狱道。所以，时人对因果报应深信不疑，并相信阴间也像人间一样，有神仙管理。道教也借用了佛教的阴间地狱说，把其纳入道教系统，于是城隍影响日盛，道士们做道场时，可以发文牒（城隍牒）超度亡魂。

《太平广记》中就记载了唐人王简易见城隍的故事。

唐代洪州司马王简易患有重病，腹中长了一块巨大的肿瘤，随着呼吸上上下下撞击脏腑。有一次肿瘤撞上心脏，王简易昏死过去。醒来后，他说他遇到一个鬼吏，拿着阴间的公文，自称奉城隍的命令来捉他。

王简易跟随鬼吏来到了城隍庙，庙前的人看见王简易，说他做了

---

[5] 荻洪，用荻做成的置于水中以阻塞航道的障碍物。

许多好事，怎么会这么早死呢？见到城隍后，王简易对城隍说：“我不该那么早死，请求城隍放我回家。”

城隍吩咐手下拿来生死簿查看，发现王简易果然还有五年寿命，所以放他回家了。五年之后，王简易又因为肿瘤撞击心脏而过世。

唐朝时，城隍信仰已相当普遍，很多文人雅士，如杜甫、韩愈、张九龄、李商隐等人都撰有祭祀城隍的诗文。

南宋赵与时《宾退录》卷八云：

> 州县城隍庙……今其祀几遍天下，朝家或赐庙额，或颁封爵。未命者，或袭邻郡之称，或承流俗所传，郡异而县不同。至于神之姓名，则又迁就附会，各指一人。

城隍管理冥界是仿造人间的管理制度。古人相信阴间之神掌管着人的生死籍，还要负责对死者进行审判，相当于活人世界中的户籍管理以及判案，而这两种职能在人间一般都是地方政府负责的。

城隍是一城之神，其地位就相当于人间的州、县官员，所以管理生死籍和审判死者的工作，由他负责最为适合。然而，城隍作为阴间之神，其工作又与冥界之王泰山府君、酆都天子、阎王冲突了。所以，人们一般把城隍视为后三者属下的官员。

因为城隍是地方阴间长官，所以各地的城隍都是以人代之，这也是城隍人格化的标志。一般能够担任城隍之责的，多是名臣和英雄。老百姓把他们立为当地的城隍，也是希望他们的英灵能够护佑百姓，打击邪恶。像长安城隍纪信、杭州城隍周新、会稽城隍庞玉、北京城隍杨椒山等等，都是“生当作人杰、死亦为鬼雄”的响当当的人物。

到了明朝，由于开国皇帝朱元璋有过在城隍庙游历的经历，城隍的地位得到了大幅提高。朱元璋封各府城隍为“鉴察司民城隍威灵公”，官级正二品，相当于六部最高长官的级别；各州城隍为“灵祐侯”，官居三品；县城隍为“显祐伯”，官居四品。一些城隍的官级比当地人间的官员级别还大。

其实朱元璋有他自己的打算，他曾说：“朕立城隍神，使人知畏，人有所畏，则不敢妄为！”而且他这样敕封城隍，明显是想表明皇权大于神权。既管了老百姓的生，又管了死，百姓还能不安分守己吗？

第 67 弹

老鼠凭什么在十二生肖中排第一？

十二生肖中，老鼠最大。

凭什么老鼠排第一，百兽之王虎才排第三，中华民族的图腾龙才排第五？

老鼠之所以排第一，是因为生肖的排序并不是按尊卑排序，而是按照取相法。先秦时期，就有了相应的记载。《左传 · 僖公五年》说："龙尾伏辰。"

以辰对龙，辰在十二地支中是第五，当时龙就已经是老五了。

十二生肖与地支的关系对应如下：子鼠、丑牛、寅虎、卯兔、辰龙、巳蛇、午马、未羊、申猴、酉鸡、戌狗、亥猪。而且十二地支还分阴阳，数字中单数是阳，而双数是阴。从十二生肖的排序来看，牛、兔、蛇、羊、鸡、猪是双数序列，而鼠、虎、龙、马、猴、狗是单数的序列。

单数和双数序列的动物们各有什么相同之处吗？

牛、兔、羊、鸡、猪的脚趾都是双数，蛇无脚，但信子是双数。而鼠、虎、马、猴、狗的脚趾都是单数，龙无形，但古代五爪为龙，四爪为蟒，所以龙算五爪，是单数的。

我们知道，绝大部分动物，前肢后肢的指爪数量是一样的，包括人的手掌和脚掌，都是五指。但古人认为老鼠前足四指，后足五指。其实老鼠的前足也是五指，因大拇指退化，古人认为只有四指。四为阴数，五位阳数，奇偶同体，前阴后阳，介乎于阴阳之间。子时阴极生阳，所以用老鼠作为子时的应相，非常合适。

老鼠当老大的民间故事，有很多个版本，在湘鄂一带流传的故事如下。

相传，老鼠和牛、马、羊等当选十二属相后，老鼠说："我应该摆在第一位。"

牛、马、羊它们不服气，问："你凭什么排第一位呢？"

鼠说："我大，所以我要排在第一。"

牛、马等忍俊不禁笑了："你有我们大吗？"

老鼠说："我们几个争了不算数，还是让人来说吧。"

牛、马、羊等都同意让人来评议。它们商量了办法，由牛带头，马、羊、鼠先后一个接一个从大街上走过，看人们怎么评议。

在大街上，牛走过时，人们说，这头牛很壮。马过来，人们说，这匹马真高。羊走过来，人们说，这只羊很肥。最后，老鼠大摇大摆地挺着肚子走过来，人们看见大街上突然走出一只大老鼠，都追着它喊："好大一只老鼠呀，好大一只老鼠呀！"

如此一来，牛、马、羊也无话可说，只好让老鼠排在了第一位。

第 68 弹

失眠了，快去拜拜床神

细观当今时代的信息技术大爆炸，最直观的一个字就是——快！每个人都怕掉队，在生活的重压之下，密密麻麻地挤在一条高速路上，等待自己华丽出场。外表焦躁，内心焦虑，内外交困，导致失眠。

说到失眠，就不得不提起床。大家可能会觉得床不过就是毫无技术含量的物件，只要床垫好，躺着睡着就会很舒服。失眠也只怨自己压力大，承受力弱，心里事多，神经衰弱。却从没想过自己和床的关系。

但是在古代，一个人要想睡得好，必须要祭拜床神。这是个古老又奇葩的仪式，明代杨循吉在《除夜杂咏》中说："买饧迎灶帝，酌水祀床公。"

这里的"床公"就是床神，而且把祭祀床神安排在接灶王爷之后，可见其重要性。但床神的级别很低，不需要像祭拜灶王爷那样大鱼大肉，一杯茶水就可以了。

虽然祭祀级别不同，但想睡个安稳觉的想法跃然纸上。古人的家国情怀，比现代人要重得多，讲究修身、齐家、治国、平天下。祭床，当属于修身这一环节，所以祭祀床神，在普通人家里真是必不可少的行为。

其实不仅是老百姓家，皇宫里也会祭祀床神，而且仪式颇为隆重。宋代曾三异在《同话录》里，就记载了这样一则有趣的故事。

崔大雅在翰林院当值，正困顿之际，忽然内廷传来消息，皇上命他马上写一篇《祭床婆子文》。崔大雅接到圣旨后一脸懵，皇上祭祀皇天后土、先贤、列祖列宗不奇怪，可是大半夜的，却要他写篇祭祀床神的文章，他“茫然不知格式”。兹事体大，情急之下他连夜来到了周丞相家讨教。周丞相告诉他，天下文章一大抄，宫廷里没有，你可以抄民间的格式: 皇帝遣某人致祭于床婆子之神曰，汝司床簀，云云。崔大雅照搬，第二天还得到了皇上的嘉许。

说起床婆子，其实民间不仅有床神，而且还分男女。相传，床婆贪杯，床公好茶，所以祭祀的时候，要给床婆准备好酒，给床公准备好茶，这叫作“男茶女酒”。

还有传说，床公和床婆本是周文王夫妇，理由竟是周文王生了一百个儿子，生殖能力强。因为床和生殖有密不可分的关系，作为床神，其职责之一自然是管理生育，保佑百姓繁衍生息，使家庭兴旺发达。

以周文王的生殖能力，被尊为床神自然无可厚非。

民间祭祀床神的日子，选在农历正月十六，这是每年的例行祭祀。但如果家里有婚嫁之事，则要另行祭拜床神。

听了上面的故事，失眠君有没有什么感悟？如果你睡不着，那就拜拜床神，女拜一杯酒，男拜一杯茶。茶安神，酒助眠，不妨试试。

第 69 弹

麻姑究竟有多长寿?

现代社会生产力的进步，大大提高了人们的生活水平，人的寿命也随之延长不少。按照人体生物理论，人的寿命极限值应该是一百五十岁，但由于天灾人祸的限制大打折扣。古人讲“人生七十古来稀”，可见在古代，活到七十岁已经比较长寿了。

于是，神仙求长生，凡人求长寿，这早就成为社会的一种普遍愿望。老百姓塑造出南极仙翁这样一个专门求长寿的神仙，尊称为寿星。其实在民间，还有一位长寿的女寿星——麻姑。麻姑作为中国道教神话中的一位女神，在民间的影响极为广泛而深远。

葛洪《神仙传 · 王远》里说，汉孝桓帝时，神仙王远下凡到蔡经家，一会儿麻姑也到了，十八九岁的模样，总之长得很少女，穿着也很光彩。她进来拜见王远，王远也起来迎接她。坐好后，麻姑拿出许多吃的东西，其中有一种肉干，说是麒麟肉干。麻姑自己说，自上次接见以来，东海已经三次变为桑田……

我们经常用的那个形容世事变化成语“沧海桑田”，就是出自这里。

当然，我觉得麻姑有点儿夸张了，一次沧海桑田都得以亿万年记，比如我所居住的秦岭，四亿年前由沧海上升为陆地。东海三次变为桑田，那么一来一回至少六次，一次算一亿年，都要活六亿岁。天地一元是129600年，那么麻姑要经历四千多劫。以她的法力看来，似乎没这个可能。

麻姑除了长寿，再无其他特异之处。南朝宋刘敬叔所著《异苑·梅姑庙》中记载：“秦时丹阳县湖侧有梅（一作麻）姑庙。姑生时有道术，能著履行水上。”就是说麻姑能穿着鞋在水上走，此外，她会的就是些炼制丹药的技能。

关于麻姑的原型，历史上有好几种说法。

一个传说就是，秦始皇有个女儿，因脸上长得满是麻子，大家都叫她麻姑。麻姑虽其貌不扬，可聪明伶俐，心地善良。最后因为忤逆父亲的暴行，被赶出皇宫。

《有象列仙全传·麻姑》里提到了两位麻姑，第一位是石勒[6]时期的麻秋之女。麻秋是一位以残暴著称的将军，当时民间吓唬夜里哭闹而不肯睡觉的小孩，就说：“麻胡来了！”可止小儿夜啼。麻秋筑城时非常严苛，压迫民夫干活，还定下了干活要干到鸡叫的规矩。善良的麻姑就经常学鸡叫，她一叫，鸡就全跟着叫了，民夫们就能打卡回家了。后来麻秋起了疑心，麻姑害怕，就跑到仙姑洞修道去了。

第二位麻姑是宋代政和年间人，修道于东南姑余山。

还有一种说法是《太平清话》里记载的：麻姑姓黎，字琼仙，“唐放出宫人也”。

民间关于麻姑是如何成仙，又是如何成为女寿仙的，有很多种传说，但总是不算多么神异。

---

[6] 石勒（274 — 333），赵明帝，五胡十六国时代后赵的开国君主。

不过麻姑的地位却与她的修为不太相符。每年三月三日，王母娘娘要开蟠桃盛会，邀请三界高级别神仙出席，孙悟空就是因为没被邀请才闹了瑶池，搅乱了大会。在这样一个高规格大会上，竟然有麻姑出席。每年，她都会前往绛珠河边酿造灵芝酒，为王母娘娘来祝寿。

那故事就要朝另外一个方向发展了，麻姑本来是个民间小仙，因为偶然的机会进入瑶池，让王母喝到了自己酿造的灵芝酒，结果非常对王母的口味。王母高兴之下，就赐给麻姑一棵仙桃，而且吩咐她每年都要献上灵芝酒。

你想想，既然她每年都能出席蟠桃会，那意思就是每年都能吃到蟠桃，如此一来，怎么能不长寿呢？

在民间，麻姑的形象也多是美丽的女仙人，或腾云驾雾，伴以飞鹤；或坐骑为鹿，伴以青松；也有直身托盘，作敬献状的，盘中所托也多是仙桃美酒。从形象上看，是一位典型的无事闲人，除了酿酒，别无他求。这种仙人，自然也不会受到天庭的管辖和调用。

俗语说得好，“一生无事小神仙”，老百姓对麻姑的纪念，长寿当然是一个目的，但更期盼的是过上她这种快乐逍遥的神仙日子。

第 70 弹

六耳猕猴：心魔再现

《西游记》有一回里出现了一只六耳猕猴，竟然与孙悟空有一样的本事，一样的神通，谁都分辨不出来，甚至闹到地府，无所不知的谛听都不敢说出六耳猕猴的身份。最后到如来佛祖那里，才被佛祖道破，孙悟空打死了六耳猕猴。

对于假悟空，我们时常会好奇，为什么他会跟孙悟空有一样的本事，甚至他还有一根一模一样的金箍棒？

金箍棒是大禹治水用的定海神针，普天之下只有一根，六耳猕猴从哪里得到了金箍棒呢？六耳猕猴如果只是简单冒充孙悟空，为什么敢和孙悟空一起到如来面前辨别真伪？难道他认为如来佛祖也难以分辨吗？

从故事的设定来说，既然孙悟空代表着正义的一面，六耳猕猴自然是邪恶的一面，但真的要说六耳猕猴做了多大的罪恶，无非是忤逆了唐僧，想自己去取经。哪怕六耳猕猴真的替代了孙悟空，他与孙悟空本事无二，似乎也不存在太大问题。

如果六耳猕猴真的是一个妖怪，似乎只有在如来那里说得通，但又漏洞百出。

归根结底，假悟空的真实身份，既不是妖怪，也不是六耳猕猴，而是孙悟空自身的心魔。

在如来辨识真假悟空的时候，有这样一段描写：

> 诗曰：人有二心生祸灾，天涯海角致疑猜……如来降天花普散缤纷，即离宝座，对大众道："汝等俱是一心，且看二心竞斗而来也。"

此处已经点明了真假悟空是一体二心的争斗，套句科学的话语来说，真假悟空就是一个人分出来的两种互相对立的人格，本身都是孙悟空。

如来下面这段话说得就更明白了：

> 又有四猴混世，不入十类之种……第一是灵明石猴……第二是赤尻马猴……第三是通臂猿猴……第四是六耳猕猴，善聆音，能察理，知前后，万物皆明。此四猴者，不入十类之种，不达两间之名。我观假悟空乃六耳猕猴也。此猴若立一处，能知千里外之事，凡人说话，亦能知之，故此善聆音，能察理，知前后，万物皆明。与真悟空同像同音者，六耳猕猴也。

这段话信息量非常大。很多人提出，六耳猕猴如果知前事，晓后事，那肯定知道到灵山要被打死，为何还敢到西天来呢？

其实，真相是孙悟空与唐僧因打死强盗产生纠纷，唐僧要把他撵回花果山，他由此产生了怨念。他的怨念化成了分身，替他干了自己不敢干的事，也就是如来说的二心。

《西游记》隐喻了很多神道的修炼原理。在神道的修炼中，心是最难控制的，所谓近道无魔正是对修行者的考验。孙悟空象征心猿，善恶均在人的心念，可以嫉恶如仇，也可以心魔迭生，归根到底，都是人心罢了。

孙悟空与唐僧的矛盾，从开头就一直存在，当争吵与分裂一次次增多，又难以通过正常渠道解决的时候，心就会产生变化。人心是最坚强的，也是最脆弱的，当受到外界影响时，心魔会慢慢滋生。当心魔不可控的时候，就会爆发，假悟空就出现了，他做了真悟空最想做的事情，将忤逆和放纵进行到底。

所以，从南海落伽山上观世音到南天门四大元帅，从凌霄宝殿照妖镜到地府神兽谛听，都不能分辨或者不敢分辨谁是真假，归根到底是因为真假悟空都是悟空，同根同源只不过走上了不同的方向。

假悟空之所以敢到如来佛祖面前辨真假，皆是因为真假一体，有恃无恐。掌控真假的权力在如来佛祖手里，两者均为真，也均为假，听起来就像薛定谔的猫，这里是薛定谔的孙悟空，只有消灭了一个，另一个才为真。

西行路上困难重重，除了妖魔鬼怪，就是师徒四人的磨合。人心不定，心魔便生，只有斩灭心魔，才能无挂无碍，一路前行。

何谓道？何为魔？何为真？何为假？悟空斩灭心魔的同时，也斩杀了自己的天然，从这个意义上来说，打杀的不是六耳猕猴，而是悟空。

悟到头来总是空。

第 71 弹

酒神：醉酒的艺术

诗仙李白有名句曰：“三杯通大道，一斗合自然。”意思是三杯酒下肚，可以通晓人生的大道理，要是喝一斗，就可以寻找到不受束缚、不受限制的自由天地，进入与天地万物合而为一、与宇宙大化同生共死的涅槃境界。

一斗酒有多少呢？不同的朝代有不同的标准。

汉朝时，1 斗相当于现在 2000 毫升。唐朝有两个标准，大量制的 1 斗相当于现在 6000 毫升，小量制的 1 斗相当于现在 2000 毫升。宋代 1 斗大概是 2400 毫升。而明清时候的 1 斗相当于现在 10000 毫升。李白是唐朝人，既有可能是 6000 毫升，相当于 12 瓶白酒，也可能是 2000 毫升，相当于 4 瓶白酒。

按沈括在《梦溪笔谈》里记载的几种唐酒造法，成品酒的酒精含量当在 3% 到 15% 之间，近似现在的熟啤、干啤或者黄酒。以诗酒著名的李白，不可能喝 4 瓶啤酒就觉得了不得，所以 12 瓶是比较正常的。如果换成现在的 53 度白酒，那李白酒量肯定在一斤以上。

杜甫在《饮中八仙歌》里写李白：“李白斗酒诗百篇，长安市上酒家眠。天子呼来不上船，自称臣是酒中仙。”你想想，一个喝了一斤多高度白酒的人，让他睡倒，怎么还可能叫醒？

就因为一句醉话，“诗仙”李白还被后来的中国人奉为“酒仙”。

世界各国大都有自己的酒神，耳熟能详是希腊酒神狄俄尼索斯，大哲学家尼采还专门总结出了一套酒神精神，告诉我们人类文化的发展源于两种基本冲动，其中之一就是对个体内在情绪的抒发，即“酒神精神”。

其实我们东方也有酒神精神。庄子高唱自由之歌，倡导“乘物而游”“游乎四海之外”，宁愿做自由地在烂泥塘里摇头摆尾的乌龟，也不当昂首阔步却受人束缚的千里马。这种追求绝对自由，忘却利禄荣辱的态度，就是中国的酒神精神。

“竹林七贤”之一的刘伶在《酒德颂》中有言：“幕天席地，纵意所如。”“兀然而醉，豁尔而醒，静听不闻雷霆之声，熟视不睹泰山之形。不觉寒暑之切肌，利欲之感情。俯观万物，扰扰焉如江汉之载浮萍。”

总结成一句话，就是“我醉之后，哪管他洪水滔天。”

翻开中国的文学艺术史，活脱脱就是一部酒神精神的舞蹈史。

李白《月下独酌》：“举杯邀明月，对影成三人。”这是一种怎样的孤独！

王维《少年行》：“新丰美酒斗十千，咸阳游侠多少年。”这是一种怎样的意气！

王翰《凉州词》：“醉卧沙场君莫笑，古来征战几人回？“这是一种怎样的豪情壮志！

李清照《蝶恋花·暖雨晴风初破冻》：“酒意诗情谁与共？泪融残粉花钿重。”这是一种怎样的感伤！

苏轼《水调歌头》：“明月几时有，把酒问青天。”这是一种怎样慨叹！

杜甫《闻官军收河南河北》：“白日放歌须纵酒，青春作伴好还乡。”这又是一种怎样的家国情怀！

可以说，酒是人类内在精神释放的催化剂，醉酒之后，宛如酒神附体。

那么中国的酒神是谁呢？

曹操在《短歌行》里写：“慨当以慷，忧思难忘。何以解忧？唯有杜康。”

诗中的杜康，便是中国酒神。他的生卒年已经无人知晓，有的说他是黄帝的下属，有的说他生活在春秋战国，还有的说他其实是汉代的一名地方官。不管如何，他的酒神地位从未有人质疑。

另一位不太知名的酒神是仪狄，据传她是夏禹时期的一位传奇人物，还是一位女性。

《战国策·梁王魏婴觞诸侯于范台》记载：“昔者帝女令仪狄作酒而美，进之禹，禹饮而甘之，遂疏仪狄，绝旨酒，曰：‘后世必有以酒亡其国者。’”

这故事有意思，可以译一下：帝女让仪狄酿酒，进贡给大禹，大禹喝了之后觉得太美了，醒来就疏远了仪狄，下了禁酒令，说：“后代必然会有因为喝酒而亡国的人。”

想不到一语成谶，真被他说中了。他的后代桀，就是因为与妹喜天天饮酒作乐，还做了个巨大到可以航船的酒池，随时喝，最后把夏朝给喝亡了。

从时间上推断，仪狄确实要比杜康早了不少年，两人都因为高超的酿酒技术被后世尊为“酒神”。但究竟哪位才是正神呢？古人想来想去，决定在技术上做文章。

《说文解字 · 酒》曰：“古者仪狄作酒醪，禹尝之而美，遂疏仪狄。杜康作秫酒。”

意思是说，仪狄酿的是酒醪，应该是后来的醪糟。醪糟现在已经没有人当酒了，只是在做汤羹的时候用，北方有鸡蛋醪糟，南方有酒酿圆子。

杜康的酒是用高粱酿制的秫酒，在发酵上，最初跟醪酒没有本质区别。只是到了后来，随着科技发展，人们又引入了蒸馏法，这种工艺可以生产出高纯度的白酒，就是我们现在酒鬼们最爱的白酒。

这样说也不是没道理，仪狄是女性，喜欢温和甘美的东西，喝醪糟还能活血美容，让她做醪糟酒神没问题。而杜康是男性，喜欢刺激辛辣的感觉，所以发明了白酒。

酒的发展肯定是一个漫长的过程，我们敬奉酒神，一方面是感谢他们发明了酒，另一方面是感恩他们给了我们暂时脱离现实、展现真实自我的通道。

酒虽然是好东西，但喝多了毕竟伤身体，还被健康组织列为一级致癌物。

刘伶有一句名言，叫“死便埋我”。故事说的是他天天喝酒，老婆不高兴说：“你再这么喝，就把自己喝死了。”他一饮而尽说：“死便埋我。”你要真有这个豪情，那就随心所欲去喝吧。如果还对世界有所牵挂，那我劝你还是细水长流，多喝几十年，岂不快哉？

第 72 弹

孟婆：喝了这碗迷魂汤吧

在我们即将走完或平淡或炫彩，或激荡或平凡，或懊悔或无憾的一生时，就算再无畏生死的人，也会对人世有些许的留恋。所谓“是非成败转头空”，说的就是当你咽气的那一瞬间，你在这个世界上的所有爱恨得失，就将随你而去。赤条条来到人间，又赤条条地离开。生不带来，死不带去。

贪生怕死是生物的本性，因为我们是生物，所以我们最大的畏惧就是对死亡的未知。于是，宗教诞生了，他们告诉你，不要怕，死亡并不是结束，而是去往一个新的地方，或天堂，或地狱。如果你尘缘未了，你还会换一种形式，重新回到这个世界。就是所谓投胎转世。

那么重新投胎的人，还是原来的人吗？为了解决这个问题，出现了孟婆。

《阎王经》上说，在进入六道轮回之前，赶去往生的魂魄，要“令先押交孟婆神，酾忘台下，灌迷饮汤，使忘前生之事。”所谓“一杯忘川煮今生，渡尽红尘只一人”是也。孟婆职位不算太高，但她有了解尘缘的权力，就是灌孟婆汤。

据《玉历宝钞 · 孟婆神》记载：孟婆生于西汉，从小就读孔孟儒书，长大以后诵佛经，凡过去之事不思，未来之事不想，在世时劝人戒杀吃素。年至八十一岁，还鹤发童颜，终身处女，只知道自己姓孟，所以人们称她为孟婆阿奶。

到了东汉，有人知道前世的情况，纷纷去认前生眷属，泄露阴机。上天命令孟婆为幽冥之神，筑造醧忘台（孟婆亭），采用人间药物合成似酒非酒的汤，分为甘、苦、辛、酸、咸五味，死者的灵魂经过这里时，就叫他喝这汤，使他忘记前生各事。要是遇见不愿意喝的刁钻恶鬼，就用铜管刺喉，让他受痛灌吞。

孟婆在中国是无人不知无人不晓的阴神，关于孟婆的记载非常多，历朝历代都有文人墨客为她写诗作词。全国各地的风俗志，也都有关于孟婆的记录。各种说法虽然都有差异，但孟婆灌迷魂汤的事，却是所有人都认可的。

迷魂汤，又叫孟婆茶，也叫孟婆汤，据说是一种用神器熬制的五味汤。

清人王有光在《吴下谚解 · 孟婆汤》中详尽描述了众鬼魂被灌孟婆汤的情景："人死去第一处是孟婆庄。诸役卒押从墙外经过，赴内案完结。生前功过，注入轮回册内，转世投胎，仍从此庄经过。"

那有没有人能逃过这忘却轮回的程序呢？民间一直有关于人对前世记忆的传说。

清赵吉士《寄园寄所寄 · 灭烛寄》里记载："宣府都指挥胡缙有妾，死后，八十里外民产一女，生便言：'我胡指挥二室也。'"因能记得前世的事，别人便叫她"前世娘"。

据她讲，在喝迷魂汤时，恰巧有一恶犬经过，手中迷魂汤洒落，自己没喝便过了奈何桥，所以能记得前世的事情。

现如今，也常见有人自称能记起前世的事情，但这种事情无凭无据，也没办法用科学证明。我们只能这么说，不管你记不记得前世，前世都过去了，就算记得，缘分也已经了了。此刻的你，活在今生，重新做人，有了新的家庭，新的感情，新的事业，哪怕是非成败依然转头空，但在没转头之前，你还得好好活着，该负的责任负起来，该担的担子担起来。因为我们拥有的只是当下，只有今生。

活在当下，活在今生。

怪谈文学奖
由捧读文化发起
鼓励原创小说创作

捧读文化
触及身心的阅读
全国总经销

出品人 张进步 程 碧

怪谈文学奖
微信公众号

特约编辑 孟令堃

关注我们
免费阅读小说，了解大奖征文详情

封面设计 陈旭麟 @AllenChan_cxl

插画创作 三 乖

法律顾问 天津益清（北京）律师事务所 王彦玲

出版投稿、合作交流，请发邮件至：innearth@foxmail.com
了解新书，图书邮购、团购、采购等，请联系发行电话：010-85805570